Aprenda francés leyendo historias cortas: 10 historias en francés y español con listas de vocabulario

ISBN: 9798606857258
Publicación: Autopublicación

Introducción

Hay muchas maneras de sumergirse en francés: tomar lecciones francés, ver películas o series de televisión con subtítulos franceses tomar cursos en línea, unirse a un club de habla francesa, viajar a un país de habla francesa, leyendo libros ...

Este libro le propone una forma simple pero efectiva para aprender francés a través de historias para principiantes (Nivel A1 y Nivel A2).

Este libro le ayudará a:

1. Aprender vocabulario nuevo.

2. Aprender nuevas expresiones sobre un tema específico

3. Aprender el vocabulario de la vida cotidiana que se utiliza para comunicar con las personas a través de diálogos.

4. Aprender algunas oraciones típicas que se usan con frecuencia en los diálogos franceses

5. Corregir y/o mejorar su pronunciación gracias al archivo de audio.

6. Mejorar sus habilidades de comprensión a través de la escucha.

7. Mejorar simplemente su francés cualquier sea su nivel de principiante

Las historias están principalmente en el tiempo presente de indicativo en francés, por lo que es más fácil para los lectores aprender los conceptos básicos del idioma a través de los textos.

Fíjese que el tiempo presente se usa para describir, afirmar y para relacionar hechos que suceden en el momento presente.

Cómo usar este libro para mejorar su francés.

Mejor que tengas la versión en audio de este libro para una experiencia de aprendizaje optimizada.

Si tiene la versión audio

1 - Escuche y trate de entender toda la historia (sin leer, solo escuche)

2 - Escuche atentamente la pronunciación y la entonación. No dude en pausar el audio y repetir la escucha de una oración una vez más para una mejor comprensión.

Si no tiene la versión audio

1 - Lea la historia sin mirar la traducción del vocabulario. Intente entenderlo como un todo.

2 - Léalo una segunda vez.

3 - Trate de entender cada oración del párrafo.

4 - Lea la historia una vez más tomando nota de las palabras o de los grupos de palabras que no entiende

5 - Mire la lista del vocabulario.

6 - Luego trate de escribir un resumen de la historia en francés.

Una palabra en francés puede tener muchos significados. Pero el significado correcto depende del contexto de la historia. No haga una mala interpretación de los significados de las palabras.

Antes de leer una historia, tenga en cuenta cuidadosamente de qué se está hablando en el texto, lea el título y fíjese en el tema de la historia.

Si no entiende una oración o un grupo de oraciones, no se preocupe. La lista del vocabulario está traducida para ayudarte.

Si aprende el vocabulario, es importante que lo recuerde a largo plazo.

Cómo memorizar el vocabulario aprendido

Tiene que aprender y repasar las palabras muchas veces. Puede recordar una palabra nueva al tratar de construir una oración con ella. Tiene que repetir y aprender la palabra regularmente y con frecuencia para que tu cerebro la memorice. No dude en leer la historia muchas veces. Vea cómo se usa el vocabulario en las oraciones. Lea y reescribe la traducción del vocabulario para asimilar el significado de las palabras.

En francés las palabras pueden sonar diferentes según el contexto.

Cuando aprende nuevas palabras en francés, es mejor aprender toda la oración donde se usa el vocabulario. De esta manera podrá recordar el vocabulario más fácilmente.

Cuando aprende francés, escuchar y leer no son suficientes. Necesita hablar y pronunciar las oraciones correctamente. En su tercera escucha, repita después del narrador.

Luego escuche una vez más leyendo el texto.

NB Cuando desee aprender un idioma, practíquelo tantas veces como pueda.

Histoire 1: Enfance, adolescence et amitié

Jane et Michelle se connaissent depuis leur enfance. Jane est blonde et Michelle est **brune**. La mère de Jane s'appelle Mel. La mère de Michelle s'appelle Victoria. Victoria et Mel sont elles aussi amies **depuis longtemps**. Jane est la **meilleure amie** de Michelle.

Enfants, elles aiment **jouer à la marelle, à la dînette** et à **cache-cache**. Leurs mères les emmènent **souvent** au parc. Mel adore leur préparer des crêpes au chocolat ou **une tarte aux pommes**. Jane et Michelle aiment aussi regarder des **dessins animés**. Elles adorent regarder « Barbie » et « **Le roi lion** » ensemble.

À partir de onze ans, elles aiment beaucoup le sport. Elles adorent **faire du vélo** et jouer au basketball. Elles adorent **se raconter des secrets**. **Elles font leurs devoirs** ensemble. La **matière préférée** de Michelle est le français. La matière préférée de Jane, ce sont les sciences.

À l'école, Jane a de **mauvaises notes** en mathématiques. **Elle suit des cours particuliers. Jane et Michelle passent plus de temps à étudier qu'à s'amuser.** Michelle aide Jane à étudier. Mel et Victoria **sont fières de** leurs filles. Pour les remercier, elles partent en vacances ensemble avec leurs familles.

En classe de primaire jusqu'au **collège**, Jane et Michelle sont proches **comme les deux doigts de la main.**

Mais au lycée, les deux jeunes filles sont **moins proches**. Elles **grandissent** et **ne s'intéressent plus** aux **mêmes choses**. Michelle s'intéresse aux livres et est très **concentrée** sur ses **études**. Jane s'intéresse à **la mode**, à sa popularité au **lycée**, et aux garçons. **Au fil du temps**, elles deviennent de **simples connaissances**.

Jane a beaucoup d'amis et a une nouvelle meilleure amie : Lilly. Le **petit ami** de Jane s'appelle Lucas.

Michelle a aussi une nouvelle **amie proche**. Elle s'appelle Annie. Annie est aussi **férue de lecture** que Michelle.

Un samedi après-midi, Mel et Victoria invitent leurs **filles** à aller ensemble au cinéma. Le film est bon, mais **Jane et Michelle se parlent à peine**. Victoria est **triste. Jane et Michelle ne sont plus amies**.

À la maison, Victoria parle à Michelle :

- Toi et Jane, **vous vous êtes disputées** ?
- Non, pourquoi ?
- Vous ne vous parlez plus.
- Mais non, nous nous parlons.
- Mais vous n'êtes plus amies.
- Nous n'avons pas les mêmes **centres d'intérêt**.
- **Invite-la à la maison.**
- Non, merci.
- Mais pourquoi ?
- Maman, elle a ses amis maintenant. Et moi aussi, j'ai ma copine. **Ce n'est pas grave** si nous ne sommes plus amies.
- Ok, je comprends.

Un après-midi, Michelle se promène dans le parc. Elle voit Jane pleurer sur un siège.

- Bonjour Jane, **qu'est-ce qui se passe** ? Pourquoi pleures-tu ?
- Bonjour Michelle. Lucas et sa famille **déménagent** dans une autre ville. **Nous nous séparons.**
- Je suis désolée pour toi.
- Merci.
- Où sont tes amis ?
- Je ne sais pas. Ils ne sont pas là.

Jane sourit à Michelle et lui demande :

- Et toi, comment vas-tu ?

- Je vais bien, merci. Ne reste pas **seule** ici. **Viens prendre un verre avec moi.**
- Non, merci. **Je ne veux pas te déranger**.
- Tu ne me déranges pas. Je t'invite.
- Ok, d'accord. Merci Michelle. Tu es vraiment gentille.

Les deux jeunes filles vont au restaurant. Elles commandent du jus et des crêpes au chocolat. Jane raconte ses problèmes à Michelle. Lilly n'est pas vraiment l'amie de Jane. Lilly est une profiteuse.

Le soir venu, Jane se sent mieux. Elle raconte sa journée à sa mère.

Lucas part. Jane oublie sa relation avec lui. Jane et Michelle commencent à **passer du temps ensemble**. Mel et Victoria en sont contentes.

Un jour, **Victoria tombe malade**. Jane aide Michelle à **prendre soin de** Victoria. Annie rend visite à Victoria. Michelle présente son amie Annie à Jane. Jane est ravie de la rencontrer. Michelle invite Annie à manger à la maison. Annie accepte avec plaisir. Jane et Michelle **préparent le repas**. Les trois jeunes filles mangent ensemble à midi. Le repas est délicieux.

Trois jours plus tard, Victoria est **guérie**. Jane invite Michelle et Annie à faire du shopping. Annie décline l'invitation. Elle a des devoirs à finir. Michelle accepte l'invitation avec plaisir. Jane et Michelle **achètent** de nouvelles **robes**, de nouvelles **chaussures** et des **pantalons**. Elles achètent un beau **collier** pour Annie. Michelle achète un **manteau** pour sa mère. Jane achète un **blouson** pour sa mère.

Vers la fin de l'**année scolaire, Jane échoue à ses examens. Elle redouble sa classe de première.** Jane est pleine de regrets. Elle demande à Michelle de rester amie avec elle. Michelle dit à Jane qu'elle sera toujours son amie. Jane décide de ne plus **négliger ses études**.

Jane et Michelle deviennent presque inséparables. **Michelle aide Jane à réussir ses études**. Jane est contente. Michelle et Jane redeviennent proches comme avant.

Vocabularios

Enfance	Infancia
Amitié	Amistad
Brune	Morena
Depuis longtemps	Durante mucho tiempo
Meilleur ami/meilleure amie	Mejor amiga
Jouer à la marelle	Jugar a la rayuela
Jouer à la dînette	Jugar a tomar el té
Cache cache	Escondidas
Souvent	A menudo
Une tarte aux pommes	Una tarta de manzana
Dessin(s) animé(s)	Dibujos animados
Le roi lion	El rey león
Faire du vélo	Ir en bicicleta
Se raconter des secrets	Compartir secretos
Elles font leurs devoirs	Ellas hacen sus deberes
Matière préférée	Asignatura favorita
Mauvaises notes	Malas notas
Elle suit des cours particuliers	Ella toma clases particulares
Jane et Michelle passent plus de temps à étudier qu'à s'amuser	Jane y Michelle pasan más tiempo estudiando que disfrutando
Sont fières de	Están orgullosas de
Collège	Escuela secundaria
Comme les deux doigts de la main	Muy amigas
Adolescent(s)/adolescente(s)	Adolescente(s) M/F
Moins proches	Se alejan
Elles grandissent (grandir)	Ellas crecen (crecer)
Elles ne s'intéressent plus aux mêmes choses	Ya no están interesadas en la mismas cosas

Concentré/concentrée	Enfocado/a
Etudes	Estudios
La mode	La moda
Lycée	Colegio
Au fil du temps	Con el tiempo
Simples connaissances	Meras conocidas
Petit ami	Novio
Ami proche/amie proche	Amiga íntima
Féru de lecture/férue de lecture	Aficionada de
Fille(s)	Hija(s)
Jane et Michelle se parlent à peine	Jane y Michelle apenas se hablan
Triste	Triste
Jane et Michelle ne sont plus amies	Jane y Michelle ya no son amigas
Vous vous êtes disputé(e)s ?	¿Tuvisteis una discusión?
Centres d'intérêt	Intereses
Invite la à la maison	Invítala a casa
Ce n'est pas grave	No importa
Qu'est ce qui se passe ?	¿Qué está pasando?
Déménager	Mudarse
Nous nous séparons	Nos separamos
Seul/seule	Solo/a
Viens prendre un verre avec moi	Ven a tomarte algo conmigo
Je ne veux pas te déranger	No quiero molestarte
Passer du temps ensemble	Pasar tiempo juntas
Victoria tombe malade	Victoria cae enferma
Prendre soin de…	Cuidar a…
Préparer le repas	Preparan la comida
Trois jours plus tard	Tres días después
Guéri	Se recupera
Acheter	Comprar

Robes	Vestidos
Chaussures	Zapatos
Pantalons	Pantalones
Collier	Collar
Manteau	Abrigo
Blouson	Chaqueta
Année scolaire	Año escolar
Jane échoue ses examens	Jane no aprueba sus exámenes
Elle redouble sa classe de première	Ella repite sus clases de primero
Négliger ses études	Descuidar sus estudios
Michelle aide Jane à réussir dans ses études	Michelle ayuda a Jane a tener éxito con sus estudios

Historia 1: Infancia, adolescencia, y amistad

Jane y Michelle se conocen desde la infancia. Jane es rubia y Michelle es **morena**. La madre de Jane se llama Mel. La madre de Michelle es Victoria. Victoria y Mel han sido amigas **durante mucho tiempo**. Jane es la **mejor amiga** de Michelle.

De niñas, les gusta **jugar a la rayuela**, **jugar a tomar el té y a las escondidas**. Sus madres **a menudo** las llevan al parque. A Mel le encanta hacer tortitas de chocolate o **una tarta de manzana**. A Jane y Michelle también les encanta ver los **dibujos animados**. Les encanta ver "Barbie" y **"El rey león"** juntas.

Desde la edad de once años, aman mucho los deportes. Les encanta **ir en bicicleta** y jugar al baloncesto. Les encanta **compartir secretos**. **Ellas hacen sus deberes** juntos. La **asignatura favorita** de Michelle es el francés. La de Jane son las ciencias.

En la escuela, Jane tiene **malas notas** en matemáticas. **Ella toma clases particulares. Jane y Michelle pasan más tiempo estudiando que disfrutando**. Michelle ayuda a Jane a estudiar. Mel y Victoria **están orgullosas de** sus hijas. Para agradecerles, se van de vacaciones con sus familias.

En la escuela primaria hasta la **escuela secundaria**, Jane y Michelle son **muy amigas.**

Pero en el colegio, las dos chicas se **alejan**. Ellas **crecen** y **ya no están interesadas en las mismas cosas**. A Michelle le interesan los libros y está muy **enfocada** en sus **estudios**. A Jane le interesa la **moda**, la popularidad en el **colegio** y los chicos. **Con el tiempo**, se convierten en **meras conocidas**.

Jane tiene muchos amigos y una nueva mejor amiga: Lilly. El novio de Jane se llama Lucas.

Michelle también tiene una nueva **amiga íntima**. Su nombre es Annie. Annie también es **aficionada de la lectura** igual que Michelle.

En una tarde de sábado, Mel y Victoria invitan a sus **hijas** para ir juntas al cine. La película es buena, pero **Jane y Michelle apenas se hablan**. Victoria está **triste. Jane y Michelle ya no son amigas.**

En casa, Victoria habla con Michelle:

- Tú y Jane, **¿tuvisteis una discusión?**
- ¿No porque?
- Ya no hablas con ella.
- Pero no, si nos estamos hablando.
- Pero ya no sois amigas.
- Ya no tenemos los mismos **intereses**.
- **Invítala a casa.**
- No, gracias.
- ¿Pero por qué?
- Mamá, ella tiene sus amigos ahora. Y yo también, tengo a mi amiga. **No importa** si ya no somos amigas.
- Claro, entiendo.

Una tarde, Michelle camina por el parque. Ella ve a Jane llorando en una silla.

- Hola Jane, **¿qué está pasando?** ¿Por qué estás llorando?
- Hola Michelle. Lucas y su familia se **mudan** a otra ciudad. **Nos separamos**.
- Lo siento por ti.
- Gracias.
- ¿Dónde están tus amigos?
- No lo sé.

Jane le sonríe a Michelle y le pregunta:

-¿Y tú cómo estás?
- Estoy bien gracias. No te quedes aquí **sola**. Ven a **tomarte algo conmigo**.
- No, gracias. **No quiero molestarte.**
- No me molestas. Te invito yo.
- Vale, gracias, Michelle. Eres muy amable.

Las dos chicas van al restaurante. Piden jugos y crepes de chocolate. Jane le cuenta a Michelle sus problemas. Lilly no es realmente la amiga de Jane. Lilly es una aprovechadora.

Por la noche, Jane se siente mejor. Ella le cuenta el día a su madre.

Lucas se va. Jane olvida su relación con él. Jane y Michelle empiezan a **pasar tiempo juntas**. Mel y Victoria están felices.

Un día, **Victoria cae enferma**. Jane ayuda a Michelle a **cuidar a** Victoria. Annie visita a Victoria. Michelle presenta a Jane a su amiga Annie. Jane está feliz de conocerla. Michelle invita a Annie a comer en casa. Annie acepta con placer. Jane y Michelle **preparan la comida**. Las tres chicas comen juntas al mediodía. La comida es deliciosa.

Tres días después, Victoria **se recupera**. Jane invita a Michelle y Annie a ir de compras. Annie rechaza la invitación. Ella tiene unas tareas para terminar. Michelle acepta la invitación con mucho gusto. Jane y Michelle **compran** nuevos **vestidos, zapatos** y **pantalones**. Compran un hermoso **collar** para Annie. Michelle compra un **abrigo** para su madre. Jane compra una **chaqueta** para su madre.

Hacia el final del **año escolar, Jane no aprueba sus exámenes. Ella repite sus clases de primero**. Jane se arrepiente. Ella le pide a Michelle que se quede con ella. Michelle le dice a Jane que ella sigue siendo su amiga. Jane decide no **descuidar** más **sus estudios**.

Jane y Michelle se vuelven casi inseparables. **Michelle ayuda a Jane a tener éxito en sus estudios**. Jane está feliz. Michelle y Jane son otra vez amigas cercanas como antes.

Histoire 2: Une famille nombreuse

Léa vient d'une famille nombreuse. Elle a trois **frères et sœurs**. Son père s'appelle George. Sa mère s'appelle Lydie. Le mariage de George et Lydie est **un mariage arrangé**.

Leur premier enfant **naît** un an après leur **mariage**. Leur **aînée** s'appelle Maria. Richard est le second enfant. Il a le même prénom que son **arrière-grand-père**, le père de son papa. Léa est la troisième enfant de ses parents. Gina est la **sœur cadette** de Léa. Gina est la **benjamine** de la famille. **Elle ressemble beaucoup à sa mère.**

Léa a quatre cousines germaines et trois **cousins germains** du côté de son père. Et elle a cinq cousines germaines et deux cousins germains du côté de sa mère. Léa et ses frères et sœurs sont proches de **la famille du côté de leur mère**. Léa et Gina rendent souvent visite à leur **tante** Jocelyne, **la petite sœur** de Lydie. Leur grand-mère maternelle est très **gentille**. Leur grand-mère paternelle est sévère. Leurs grands-pères sont tous deux déjà **morts**.

Luc est un ami de la famille. Et il est aussi un **voisin**. Luc est **père célibataire**. Sa fille s'appelle Catherine. Catherine est **fille unique**. Et elle est **orpheline de mère**. Léa et Catherine sont très proches. Léa est **presque** comme une sœur pour Catherine.

Quelques membres de la famille de George habitent **à l'étranger**. Le grand frère de George vit en France. Sa femme est française. Deux enfants **métis** sont nés de leur union. Tous les ans, George organise une grande fête où toute la famille se réunit. George est content de voir ses frères et sœurs, ainsi que ses **neveux** et nièces.

Après dix ans de mariage, George et Lydie commencent à se disputer fréquemment. Ils ont des **problèmes conjugaux**. Lydie **est attirée** par Luc. George a une **maîtresse**. Elle s'appelle Gisèle. Elle a trente ans. **George et Lydie ne s'aiment plus**. Leur mariage est une erreur. Ils divorcent. Leurs enfants sont **bouleversés**. Mais c'est la meilleure décision à prendre.

George quitte la maison. Il déménage chez Gisèle. Gina **pleure**. Lydie lui explique que son père n'habite plus avec eux. Mais qu'il aime toujours Gina et ses frères et sœurs. Léa **réconforte** sa petite sœur. **Richard la prend dans ses bras**. George reste en bons termes avec son **ex-femme**. **Lydie commence une relation amoureuse avec Luc**.

Six mois plus tard, George se remarie. Il invite Lydie, Luc et les enfants à son mariage. Mais Lydie n'a pas envie d'y aller. Gina et Luc restent à la maison avec Lydie. Maria, Richard et Léa assistent au mariage.

Lydie et Luc vivent en **concubinage** avec leurs enfants. Léa est ravie de vivre avec Catherine. De plus, Léa adore Luc. Il est comme un second père pour elle. L'ancienne maison de Luc et de Catherine est **en location**.

Les nouveaux **locataires** sont un vieux couple de **retraités** : Christophe et Christine Wilson. Ils sont seuls. Leurs enfants et **petits-enfants** vivent tous à l'étranger depuis des années. Pour souhaiter la bienvenue à Christophe et à Christine, Maria leur prépare un délicieux **gâteau**. Christine la remercie **chaleureusement**. Elle invite Maria et tous les autres enfants à **déguster** le gâteau avec son **mari**. Maria appelle Richard, Léa, Gina et Catherine pour manger du gâteau chez les Wilson. Maria les présente aux nouveaux voisins.

Gisèle tombe enceinte. Neuf mois plus tard, **elle met au monde son premier enfant**. Il s'appelle Lionel. La petite sœur de Lionel naît **un an et demi** après. Son nom est Prisca. Elle est blonde, comme sa mère.

Le temps passe. Les enfants grandissent. Les aînés deviennent de jeunes adultes et les cadets deviennent des adolescents. Léa s'entend assez bien avec son **demi-frère** et sa demi-sœur. Avec Gina, elle les invite à manger des pizzas ensemble. Léa et Gina apprennent à mieux les connaître. Bientôt, une amitié naît entre eux.

Entre-temps, des **sentiments** naissent entre Richard et Catherine. **Ils tombent amoureux**. Mais **ils ont peur** de la réaction de Luc et de Lydie. Ils cachent donc leur relation à tout le monde, **sauf** à Léa. Mais tôt ou tard, Luc et Lydie **découvrent** la relation des deux **tourtereaux**. Leurs parents approuvent leur relation.

Un an plus tard, **Richard demande Catherine en mariage**. Catherine **saute** dans les bras de Richard et accepte sa demande. Richard et Catherine organisent leurs **fiançailles**. Léa est heureuse. Sa meilleure amie devient sa **belle-sœur**. Léa aide son frère à choisir une **bague de fiançailles** pour Catherine. Pendant la fête des fiançailles, George invite sa **belle-fille** à danser. Son **petit-fils** naît douze mois plus tard. Il se nomme Peter. Peter a les yeux de sa mère Catherine.

Après quelques temps, c'est au tour de Maria de se marier. Son mari est un grand et riche **bel homme.** Il s'appelle John Jackson. Malheureusement, le couple ne peut pas avoir d'enfant. La mère de John est **contrariée** par la situation. Son fils unique doit avoir un **héritier. Maria subit beaucoup de pression** de sa **belle-famille.** Elle **se demande** si elle doit se séparer de John. John lui dit de ne jamais penser à cela. Elle est sa femme et il l'aime. Ils doivent **faire face à leur problème** ensemble. Pour résoudre leur problème, John et Maria adoptent un fils. Et trois ans plus tard, un miracle se produit. Maria finit par tomber enceinte. Elle donne naissance à une jolie petite fille, Lucia.

Vocabularios

Une famille nombreuse	Una familia numerosa
Frère et sœurs	Hermanos
Un mariage arrangé	Un matrimonio concertado
Naître	Nace
Epousailles	Boda
Aînée	Hija mayor
Arrière-grand-père	Bisabuelo
Sœur cadette	Hermana menor
Benjamin/benjamine	La más joven
Elle ressemble beaucoup à sa mère	Ella se parece mucho a su madre
Cousin(s) germain(s)	Primo(s) hermano(s)
La famille du côté de leur mère	La familia del lado de la madre
Tante	Tía
La petite sœur	La hermana pequeña
Gentil/gentille	Amable
Mort(s)	Muerto(s)
Un voisin	Un vecino
Père célibataire	Padre soltero
Fille unique	Única hija
Orphelin de mère/orpheline de mère	Huérfana de madre
Presque	Casi
A l'étranger	En el extranjero
Métis	Etnia mixta
Neveu(x)	Sobrino(s)
Problèmes conjugaux	Problemas maritales
Attiré par/attirée par	Atraída por
Maîtresse	Amante
George et Lydie ne s'aiment plus	George y Lydie ya no se aman
Bouleversé(s)	Destrozados
Pleurer	Llorar
Réconforter	Consolar

Richard la prend dans ses bras	Richard la toma entre sus brazos
Ex-femme	Ex-esposa
Lydie commence une relation amoureuse avec Luc	Lydie comienza una relación romántica con Luc
Concubinage	Conviven
En location	En alquiler
Locataire(s)	Inquilino(s)
Retraité(s)	Jubilada(s)
Petits-enfants	Nietos
Gâteau	Pastel
Chaleureusement	Calurosamente
Déguster	Probar
Mari	Esposo
Gisèle tombe enceinte	Gisèle queda embarazada
Elle met au monde son premier enfant	Gisèle da a la luz su primer hijo
Un an et demi	Un año y medio
Le temps passe	El tiempo pasa
Demi-frère	Hermanastro
Entre-temps	Mientras tanto
Sentiments	Sentimientos
Ils tombent amoureux	Ellos se enamoran
Ils ont peur	Tienen miedo
Sauf	Excepto
Découvrir	Descubrir
Tourtereaux	Enamorados
Richard demande Catherine en mariage	Richard le pide a Catherine que se case con él
Sauter	Saltar
Fiançailles	Compromiso
Bague de fiançailles	Anillo de compromiso
Belle-fille	Nuera
Belle-sœur	Cuñada
Petit-fils	Nieto
Bel homme	Guapo

Contrarié/contrariée	Contrariada
Héritier	Heredero
Maria subit beaucoup de pression	Maria está bajo mucha presión
Belle-famille	Suegros
Se demander	Preguntarse
Faire face à leur problème	Lidiar con su problema

Historia 2: Una familia numerosa.

Lea viene de una **familia numerosa**. Ella tiene tres **hermanos**. Su padre se llama George y su madre Lydie. El matrimonio de George y Lydie es **un matrimonio concertado**.

Su primer hijo **nace** un año después de su **boda**. Su **hija mayor** se llama Maria. Richard es el segundo hijo. Tiene el mismo nombre que su **bisabuelo**, el padre de su padre. Léa es la tercera hija de sus padres. Gina es la **hermana menor** de Léa. Gina es **la más joven** de la familia. **Ella se parece mucho a su madre.**

Léa tiene siete **primos hermanos** por parte de su padre, cuatro niñas y tres niños. Y tiene siete primos hermanos por parte de su madre, cinco niñas y dos niños. Léa y sus hermanos están cercanos **a la familia del lado de la madre**. Léa y Gina visitan a menudo a su **tía** Jocelyne: **la hermana pequeña** de Lydie. Su abuela materna es muy **amable**. Su abuela paterna es estricta. Sus dos abuelos ya están **muertos**.

Luc es un amigo de la familia. Y él también es **un vecino**. Luc es un **padre soltero**. El nombre de su hija es Catherine. Catherine es la **única hija**. Y ella es **huérfana de madre**. Léa y Catherine son muy cercanas. Léa es **casi** como una hermana para Catherine.

Algunos miembros de la familia de George viven **en el extranjero**. El hermano mayor de George vive en Francia. Su esposa es francesa. Dos hijos de **etnia mixta** nacen de su unión. Cada año, George organiza una gran fiesta donde se reúne toda la familia. George está feliz de ver a sus hermanos y hermanas, así como a sus **sobrinos** y sobrinas.

Después de diez años de matrimonio, George y Lydie comienzan a discutir con frecuencia. Tienen **problemas maritales**. Lydie **se siente atraída por** Luc. George tiene una **amante**. Su nombre es Gisèle. Ella tiene treinta años. **George y Lydie ya no se aman**. Su matrimonio ha sido un error. Se están divorciando. Sus hijos están **destrozados**. Pero esta es la mejor decisión.

George sale de la casa. Se traslada a la casa de Gisèle. Gina está **llorando**. Lydie explica que su padre ya no vive con ellos, pero que todavía ama a Gina y a sus hermanos. Lea **consuela** a su hermanita. **Richard la toma entre sus brazos**. George se mantiene en buenos términos con su **ex-esposa**. **Lydie comienza una relación romántica con Luc**.

Seis meses después, George se vuelve a casar. Invita a Lydie, Luc y los niños a su boda. Pero Lydie no quiere ir. Gina y Luc se quedan en casa con Lydie. Maria, Richard y Léa asisten a la boda.

Lydie y Luc **conviven** con sus hijos. Léa está encantada de vivir con Catherine. Además, a Léa le encanta Luc. Él es como un segundo padre para ella. La vieja casa de Luc y Catherine está **en alquiler**.

Los nuevos **inquilinos** son una vieja pareja **jubilada**: Christophe y Christine Wilson. Ellos están solos. Sus hijos y **nietos** viven en el extranjero desde hace años. Para dar la bienvenida a Christophe y Christine, Maria les prepara un buen **pastel**. Christine le agradece **calurosamente**. Invita a Maria y a todos los demás niños a **probar** el pastel con su **esposo**. Maria llama a Richard, Léa, Gina y Catherine para comer el pastel en la casa de los Wilson. Maria les presenta a los nuevos vecinos.

Gisèle queda embarazada. Nueve meses después, **Giséle da a luz a su primer hijo**. Su nombre es Lionel. La hermana pequeña de Lionel nace después de **un año y medio**. Su nombre es Prisca. Ella es rubia como su madre.

El tiempo pasa. Los niños crecen. Los mayores se convierten en adultos y los más jóvenes en adolescentes. Léa se lleva bien con su **hermanastro** y su hermanastra. Con Gina, los invita a comer pizzas juntos. Léa y Gina los conocen mejor. Pronto, nace una amistad entre ellos.

Mientras tanto, los **sentimientos** nacen entre Richard y Catherine. **Ellos se enamoran**. **Pero tienen miedo** de la reacción de Luc y Lydie. Ocultan su relación con todos **excepto** con Léa. Pero tarde o

temprano, Luc y Lydia **descubren** la relación de los dos
enamorados. Sus padres aprueban su relación.

Un año después, **Richard le pide a Catherine que se case con él**.
Catherine **salta** a los brazos de Richard y acepta. Richard y
Catherine organizan su **compromiso**. Léa está feliz. Su mejor amiga
se convierte en su **cuñada**. Léa ayuda a su hermano a elegir un
anillo de compromiso para Catherine. Durante la fiesta de
compromiso, George invita a su **cuñada** a bailar. Su **nieto** nace doce
meses después. Su nombre es Pedro. Pedro tiene los ojos de su
madre Catherine.

Después de un tiempo, es el turno de Maria de casarse. Su marido es
un hombre alto, rico y **guapo**. Su nombre es John Jackson.
Lamentablemente, la pareja no puede tener hijos. La madre de John
está **contrariada** por la situación. Su único hijo debe tener un
heredero. **Maria está bajo mucha presión** por culpa de sus
suegros. Ella **se pregunta** si debería de separarse de John. John le
dice que nunca piense en eso. Ella es su esposa y él la ama. Tienen
que lidiar con su problema juntos. Para resolver su problema, John
y Maria adoptan a un hijo. Y tres años después, se realiza un
milagro. Maria se queda embarazada. Ella da a luz a una niña bonita:
Lucia.

Histoire 3: Une passion pour la musique

Le **chant** est le **passe-temps** préféré de Christian. Sa mère s'appelle Jeanne. Son père s'appelle Alain. Entre deux et quatre ans, Christian adore **écouter** des **comptines**. Il aime les **fredonner**. À cinq ans, Christian sait déjà **lire**. Il aime **faire du karaoké**.

À neuf ans, il participe à **un concours de chant** pour enfants. Christian a beaucoup de talent. Les membres du jury en sont impressionnés. Christian est **parmi** les finalistes de la compétition. **Le gagnant du concours** est un jeune garçon de douze ans. **Christian remporte le deuxième prix**. Il obtient **une console de jeu**, une bicyclette, de l'**argent** et des **vacances à l'étranger**. Il gagne aussi un billet pour Disneyland.

Alain et Jeanne sont très fiers de leur enfant. Ils le **félicitent** et l'**embrassent**.

Alain et Jeanne organisent une grosse **fête** pour le dixième anniversaire de Christian. On y invite toute la famille et quelques **camarades de classe**. À seize heures, **Christian fait un vœu**. Puis, **il souffle les bougies** sur le gâteau d'anniversaire. **Tout le monde** applaudit. Les invités offrent des **cadeaux** à Christian.

À dix-huit heures, la fête se termine. Les gens rentrent chez eux. Les parents de Christian les remercient. **Christian déballe ses cadeaux**. Il **reçoit** de nouvelles chaussures, de nouveaux **vêtements** et de nouveaux **jouets**. Ses parents lui offrent des **patins à roulettes**.

Pour le dîner, Jeanne lui prépare son **plat préféré**. À vingt heures, ils dînent. Ils mangent des macaronis au **fromage**.

Christian voit une vieille guitare dans **le débarras. Il apprend tout seul à jouer de la guitare. Sa mère le remarque**. Elle lui achète une nouvelle guitare. **Elle cherche** une école de musique pour son **fils**. Christian commence des **cours de guitare**.

À onze ans, Christian chante pendant une fête de son école. Un **professeur de chant** le remarque. **Il salue Christian** et ses parents. Puis, il se présente. Il est professeur de chant depuis vingt-cinq ans. Christian a une belle voix. Cyril souhaite lui apprendre à chanter. Jeanne et Alain acceptent la proposition. C'est une belle opportunité. Christian rencontre une autre élève de Cyril. Elle s'appelle Anna. Anna joue du piano. **Christian et Anna ont le même âge. Ils se lient d'amitié**.

À douze ans, Christian entre en classe de sixième. Au collège, il obtient de mauvaises notes. Christian est trop concentré sur la musique et le chant. Son père lui demande de se concentrer sur les études. Christian **délaisse** la musique. Il obtient de meilleures notes à l'école.

À seize ans, Christian entre au lycée. Il apprend à **gérer son temps** pour les **loisirs** et les études. Il continue la musique et le chant. Au lycée, Christian rencontre d'autres jeunes. Ils font aussi de la musique. Ken joue de la guitare. Et Nick joue de la batterie. **Christian sympathise avec Nick et Ken**. Nick invite Christian et Ken à jouer de la musique ensemble. Il a un studio chez lui. **Il possède** une **batterie**, une guitare acoustique et un synthétiseur. Christian invite Anna à jouer avec eux.

Le samedi matin, Christian, Ken et Anna vont chez Nick. Nick présente ses nouveaux amis à ses parents. Le père de Nick est un ancien **batteur**. Sa mère est une ancienne **choriste**. Sa **grande sœur** joue du **violon**. Nick vient d'une famille d'artistes.

Les quatre jeunes gens entrent dans le studio. Chacun joue son instrument de musique. Ils jouent des **chansons connues**. Christian et Anna chantent en même temps. La mère de Nick offre des **jus** à tout le monde. Les quatre jeunes gens deviennent inséparables. L'amour de la musique les unit.

Quelques mois plus tard, Cyril les appelle pour animer une fête. Christian, Anna, Nick et Ken sont excités. Mais **ils ont le trac. Anna rougit**. Ken est **en sueur**. Nick a mal au ventre. **Les mains de**

Christian tremblent. Lui et ses amis **jouent sur scène** pour la première fois. Leurs parents et leur famille sont tous présents.

Finalement, **tout se passe bien**. La **sonorisation** est impeccable. Les **chanteurs** chantent bien. La liste des chansons est bien choisie. Toutes les personnes présentes sont contentes. Le groupe reçoit les applaudissements du public. Cyril est content de leur **prestation**. Il leur donne leur **rémunération**.

La nuit tombe. Christian a une faim de loup. Alain veut **fêter** cette première **réussite**. Il invite les quatre musiciens au restaurant. Il invite Cyril aussi.

Le temps passe. Christian et ses amis finissent le lycée. Anna quitte le pays. Elle continue ses études à l'étranger. **Ses études durent plusieurs années**. Christian est **très triste. Il a le cœur brisé**.

Christian se réveille au beau milieu de la nuit. Il est inspiré par le départ de son amie. Il prend un papier et un **stylo**. Il écrit les **paroles** d'une chanson. Puis, Christian prend sa guitare. Il compose la mélodie de la chanson. C'est une chanson mélancolique. Le premier **couplet raconte** un amour impossible. Le deuxième couplet raconte la séparation. Le **refrain décrit** les sentiments du chanteur.

Le lendemain, Christian chante sa chanson avec sa guitare. Ken, Nick, Cyril, Jeanne et Alain l'écoutent. **Les parents de Christian sont émus par la chanson**. C'est une chanson très **poignante**. Et c'est une belle déclaration d'amour. Ken et Nick adorent la chanson.

Les trois jeunes garçons commencent leur carrière professionnelle dans la musique. Ils recrutent une nouvelle pianiste. Elle s'appelle June. June est la nièce de Cyril. Christian, Nick, Ken et June créent leur groupe de musique. Ils le nomment « Ong'Stu ». Puis, **ils enregistrent la chanson** de Christian. Le **titre de la chanson** est « Pour toi ». Un mois plus tard, **ils sortent leur premier single**. En quelques jours, la chanson devient une **chanson à succès**. Christian dédie la chanson à Anna. Anna en est émue. Elle remercie Christian.

Cyril compose trois chansons pour le groupe Ong'Stu. Christian et June aussi, composent d'autres chansons. Alain et Cyril les aident.

Six mois plus tard, Christian, June, Nick et Ken sortent leur premier album de chansons. Six semaines après, ils ont leur premier concert. **Les fans remplissent la salle de spectacle.** Les fans connaissent les chansons **par cœur**. Le spectacle dure une heure et demie.

Christian pense à Anna. **Son rêve se réalise**.

Vocabularios

Chant	Canto
Passe-temps	Pasatiempo
Ecouter	Escuchar
Comptine(s)	Canciones infantiles
Fredonner	Tararear
Lire	Leer
Faire du karaoké	Jugar al karaoke
Un concours de chant	Un concurso de canto
Parmi	Entre
Le gagnant du concours	El ganador del concurso
Christian remporte le deuxième prix	Christian gana el segundo premio
Il suit des cours de musique	Él toma clases de música
Une console de jeu	Una consola de juegos
Argent	Dinero
Vacances à l'étranger	Vaciones al extranjero
Féliciter	Se congratulan
Embrasser	Besar
Fête	Fiesta
Camarade(s) de classe	Compañero(s) de clase
Faire un vœu (Christian fait un vœu)	Pedir un deseo (Christian pide un deseo)
Souffler les bougies (il souffle les bougies)	Soplar las velas (él sopla las velas)
Tout le monde	Todo el mundo
Cadeau(x)	Regalo(s)
Déballer ses cadeaux	Desempaqueta sus regalos
Obtenir	Recibir
Vêtements	Ropa
Jouets	Juguetes

Patins à roulettes	Patines
Plat préféré	Comida favorita
Fromage	Queso
Le débarras	El armario
Christian apprend tout seul à jouer de la guitare	Aprende a tocar la guitarra
Remarquer (sa mère le remarque)	Notare (su madre lo nota)
Chercher (elle cherche…)	Buscar (ella busca)
Fils	Hijo
Cours de guitare	Clases de guitarra
Professeur de chant	Profesor de canto
Christian et Anna ont le même âge	Christian y Anna tienen la misma edad
Ils se lient d'amitié	Ellos se vuelven amigos
Saluer (Il salue Christian)	Saludar (él saluda a Christian)
Délaisser (Christian délaisse la musique)	Dejar (Christian deja la música)
Gérer son temps	Administrar su tiempo
Loisirs	Pasatiempos
Sympathiser avec… (Christian sympathise avec Nick et Ken)	Llevarse bien (Christian se lleva bien con Nick y Ken)
Posséder (il possède)	Tener (él tiene)
Batterie	Batería
Batteur	Baterista
Grande sœur	Hermana mayor
Choriste	Corista
Violon	Violín
Chansons connues	Canciones famosas
En même temps	Al mismo tiempo
Jus	Zumo
Ils ont le trac	Tienen pánico al escenario

Rougir (Anna rougit)	Ponerse rojo (Anna se pone roja)
En sueur	Sudado
Estomac	Estómago
Main(s)	Mano(s)
Trembler (les mains de Christian tremblent)	Temblar (A Christian le tiemblan las manos)
Jouer sur scène	En el escenario
Sonorisation	Sistema de sonido
Chanteur(s)	Cantante(s)
Prestation	Exhibición
Rémunération	Paga
La nuit tombe	Cae la noche
Christian a une faim de loup	Christian se muere de hambre
Fêter	Celebrar
Réussite	Éxito
Ses études durent plusieurs années	Sus estudios duran varios años
Très triste	Muy triste
Tout se passe bien	Todo bien
Il a le cœur brisé	Su corazón está roto
Christian se réveille au beau milieu de la nuit	Christian se despierta en medio de la noche
Stylo	Bolígrafo
Paroles	Letra
Couplet	Strofa
Raconter	Narra
Refrain	Estribillo
Décrire (le refrain décrit…)	Describir (el estribillo describe)
Le lendemain	El día siguiente
Les parents de Christian sont émus par la chanson	Los padres de Christian están

	conmovidos por la canción
Poignante	Conmovedora
Ils enregistrent la chanson	Ellos graban la canción
Titre de la chanson	Título de la canción
Ils sortent leur premier single	Lanzan su primer single
Chanson à succès	Canción de éxito
Remplir (Les fans remplissent la salle de spectacle)	Llenar (los fanes llenan el auditorio)
Par cœur	De memoria
Son rêve se réalise	Su sueño se hace realidad

Historia 3: Una pasión por la música

El canto es el **pasatiempo** favorito de Christian. Su madre se llama Jeanne y su padre Alain. Entre los dos y los cuatro años, a Christian le encanta **escuchar canciones infantiles**. Le gusta **tararearlas**. A los cinco, Christian sabe **leer**. Le gusta **jugar al karaoke**.

A los nueve años, participa en **un concurso de canto** para niños. Christian tiene mucho talento. Los miembros del jurado están impresionados. Christian se encuentra **entre** los finalistas de la competición. **El ganador del concurso** es un niño de doce años. **Christian gana el segundo premio**. Consigue una **consola de juegos**, una bicicleta, **dinero** y **vacaciones al extranjero**. También gana una entrada para Disneyland.

Alain y Jeanne están muy orgullosos de su hijo. **Se congratulan** con él y **lo besan**.

Alain y Jeanne organizan una gran **fiesta** por el décimo cumpleaños de Christian. Invitan a toda la familia y algunos **compañeros de clase**. A las cuatro en punto, **Christian pide un deseo**. Luego **sopla las velas** en el pastel de cumpleaños. **Todo el mundo** aplaude. Los invitados ofrecen **regalos** a Christian.

A las seis en punto termina la fiesta. La gente se va a casa. Los padres de Christian les agradecen. **Christian desempaqueta sus regalos**. Christian **recibe** nuevos zapatos, **ropa** nueva y **juguetes** nuevos. Sus padres le regalan unos **patines**.

Para la cena, Jeanne prepara su **comida favorita**. A las ocho en punto cenan. Ellos comen macarrones con **queso**.

Christian ve una vieja guitarra en **el armario**. Christian **aprende a tocar la guitarra**. Su madre lo **nota**. Ella le compra una guitarra nueva. **Ella busca** una escuela de música para su **hijo**. Christian comienza sus **clases de guitarra**.

A las once, Christian canta durante una fiesta en su escuela. Un **profesor de canto** lo nota. **Él saluda a Christian** y a sus padres. Luego se presenta. Ha sido profesor de canto durante veinticinco años. Christian tiene una voz preciosa. Cyril quiere enseñarle a cantar. Jeanne y Alain aceptan la propuesta. Es una gran oportunidad. Christian se encuentra con otro alumno de Cyril. Su nombre es Anna. Anna toca el piano. **Christian y Anna tienen la misma edad. Ellos se vuelven amigos.**

A los doce años, Christian empieza su sexto año se secundaria. En la secundaria, obtiene malas notas. Christian está demasiado concentrado en la música y el canto. Su padre le pide que se enfoque en los estudios. Cristian **deja** la música. Obtiene notas mejores en la escuela.

A los dieciséis años, Christian entra en el instituto. Aprende a **administrar su tiempo** para **pasatiempos** y estudios. Sigue con la música y el canto. Christian conoce a otros jóvenes. También hacen música. Ken toca la guitarra y Nick toca la batería. **Christian se lleva bien con Nick y Ken.** Nick invita a Christian y a Ken a tocar juntos. Él tiene un estudio en casa. **Él tiene batería**, una guitarra acústica y un sintetizador. Christian invita a Anna a tocar con ellos.

El sábado por la mañana, Christian, Ken y Anna van a la casa de Nick. Nick presenta a sus nuevos amigos a sus padres. El padre de Nick es un ex **baterista**. Su madre es una ex **corista**. Su **hermana mayor** toca el **violín**. Nick viene de una familia de artistas.

Los cuatro jóvenes entran en el estudio. Todos tocan su instrumento musical. Tocan **canciones famosas**. Christian y Anna cantan **al mismo tiempo**. La mamá de Nick ofrece **zumo** a todos. Los cuatro jóvenes se vuelven inseparables. El amor por la música los une.

Unos meses más tarde, Cyril los llama para animar una fiesta. Christian, Anna, Nick y Ken están emocionados. Pero **tienen pánico al escenario. Anna se pone roja.** Ken ha **sudado**. Nick tiene un **dolor de estómago. A Christian le tiemblan las manos.** Él y sus amigos tocan **en el escenario** por primera vez. Sus padres y sus familias están presentes.

Finalmente, **todo sale bien**. El **sistema de sonido** es impecable. Los **cantantes** cantan bien. La lista de canciones está bien elegida. Todos los presentes están satisfechos. El grupo recibe felicitaciones públicas. Cyril está feliz por la **exhibición** de los chicos. Él les da su **paga**.

Cae la noche. Christian se muere de hambre. Alain quiere **celebrar** este primer **éxito**. Invita a los cuatro músicos al restaurante. También invita a Cyril.

El tiempo pasa. Christian y sus amigos terminan sus estudios en el colegio. Anna se muda a otro país. Ella continúa sus estudios en el extranjero. **Sus estudios duran varios años**. Christian está **muy triste. Su corazón está roto**.

Christian se despierta en medio de la noche. Está inspirado por la despedida de su amiga. Toma un papel y un **bolígrafo**. Escribe la **letra** de una canción. Luego Christian toma su guitarra. Él compone la melodía de la canción. Es una canción melancólica. La primera estrofa **narra de** un amor imposible. La segunda de la separación. El **estribillo describe** los sentimientos del cantante.

El día siguiente, Christian canta su canción con su guitarra. Ken, Nick, Cyril, Jeanne y Alain lo escuchan. **Los padres de Christian están conmovidos por la canción**. Es una canción muy **conmovedora**. Y es una hermosa declaración de amor. A Ken y Nick les encanta la canción.

Los tres jóvenes comienzan su carrera profesional en la música. Reclutan a un nuevo pianista. Su nombre es June. June es la sobrina de Cyril. Christian, Nick, Ken y June crean su banda. Lo llaman "Ong'Stu". Luego **ellos graban** la **canción** de Christian. El **título de la canción** es "Para ti". Un mes después, **lanzan su primer single**. En unos pocos días, este se convierte en una **canción de éxito**.

Christian le dedica la canción a Anna. Anna se conmueve. Ella le da las gracias a Christian.

Cyril compone tres canciones para la banda Ong'Stu. Christian y June también componen otras canciones. Alain y Cyril los ayudan.

Después de seis meses, Christian, June, Nick y Ken lanzan su primer álbum de canciones. Seis semanas después, hacen su primer concierto. **Los fanes llenan el auditorio.** Los fanes conocen las canciones **de memoria**. El espectáculo dura una hora y media.

Christian piensa en Anna. **Su sueño se hace realidad.**

Histoire 4: La vie d'une famille ordinaire

Aline a treize ans. Elle est **collégienne**. Elle adore écrire. Sa mère lui offre un **journal intime**. Elle écrit ses **pensées** dans ce journal. **Elle le range** dans son **tiroir**.

Du lundi au vendredi, **Aline se réveille** à six heures trente, tous les matins. **Elle prend une douche.** Le mercredi, **elle lave ses cheveux. Elle nettoie ses oreilles. Elle se brosse les dents.** Elle coupe ses **ongles**. Elle sort de la **salle de bain** à six heures quarante-cinq minutes. **Elle se sèche** avec une **serviette. Elle s'habille et met ses chaussures. Elle peigne ses cheveux.** Elle prend son **cartable**. Puis, elle sort de sa **chambre**.

À sept heures, elle va dans la **salle à manger**. **Elle prend le petit déjeuner** avec son père. À sept heures quinze, elle sort de la maison. Elle va à l'**arrêt de bus**. Elle prend le bus. À sept heures quarante-cinq, elle arrive au collège.

La sonnerie retentit à sept heures cinquante. Les élèves vont dans leur **salle de classe**. Chacun **s'assied** à sa place. Les cours commencent. La pause est à neuf heures quarante-cinq. Les cours continuent à dix heures. Le matin, les cours finissent à midi.

Aline va à la **cantine**. Elle prend le **déjeuner** avec deux copines. Après le déjeuner, elle va à la bibliothèque de l'école. Elle prend une place. Elle lit, écrit ou **fait ses devoirs. Parfois, elle s'endort.**

L'**après-midi**, les cours commencent à treize heures trente. Ils finissent à dix-sept heures. Aline prend le bus pour rentrer. Elle arrive à la maison à dix-huit heures. Elle **pose** son cartable dans sa chambre. Elle descend et prend un **goûter**. Elle fait une pause jusqu'à l'arrivée de sa mère.

La famille dîne vers vingt heures. Puis, Aline enlève ses chaussures, **se déshabille** et se lave. Elle met son linge sale dans le **bac à linge**. Elle met son pyjama. Ensuite, **elle apprend** ses leçons et fait ses devoirs. Elle raconte sa journée dans son journal intime. Vers vingt et une heures, elle va dans son lit. Elle lit, puis s'endort.

Le samedi, Aline se réveille vers neuf heures trente. Aline est une élève studieuse. Le samedi matin, elle termine ses devoirs **inachevés la veille**. Puis, elle apprend ou révise ses leçons.

Le samedi après-midi, Aline suit des cours de danse classique. Sa mère la dépose. Ensuite, **elle passe prendre Aline** à seize heures.

Le dimanche, Aline fait des activités avec sa famille. Ils restent à la maison ou font une sortie.

La grande sœur d'Aline s'appelle Leslie. Elle a vingt-cinq ans. Elle est **jeune diplômée**. **Leslie est au chômage**. Elle habite chez ses parents. Elle adore **passer du temps** avec ses amis. Elle aime **bavarder avec** une copine. Elle adore aussi le **maquillage**.

Tous les matins, Leslie se réveille à dix heures. Elle se prépare et sort de la maison. **Elle ferme la porte à clé**. Elle va au garage de la maison. Elle met son **casque de moto**. **Elle démarre la moto** et s'en va.

Leslie a un job temporaire. Elle est **serveuse** dans un petit restaurant. **Elle travaille à mi-temps**. À dix heures vingt, elle arrive au restaurant. Elle se sert du café et mange du **pain au beurre**. Puis, elle met sa **tenue de serveuse.** Elle commence à travailler.

Quentin est un **client habitué** du restaurant. **Il fait la cour à Leslie.** Tous les jours, Quentin donne un **généreux pourboire** à Leslie. La jeune femme est **gênée**.

À treize heures, elle fait une pause de quinze minutes. **Elle prend un encas** et continue ses services. **Leslie ne mange pas beaucoup.** Elle a peur de **grossir. Elle n'a que la peau sur les os.**

À dix-huit heures, Leslie finit ses services. À dix-huit heures trente, elle rejoint ses amis dans un bar.

Le vendredi soir, Leslie et ses amis sortent en **boîte de nuit**. Elle rentre vers une heure du matin. Parfois, une amie dort chez elle. Le samedi matin, Leslie est **épuisée**. **Elle fait la grasse matinée.** Leslie se réveille vers midi. Elle prend son déjeuner. L'après-midi, elle regarde des séries ou va au cinéma avec ses amis.

La mère de Leslie et d'Aline s'appelle Stephy. Stephy est **enseignante** à l'école primaire. Stephy adore les enfants et son métier. Tous les soirs, elle prépare les cours à donner aux enfants le lendemain. Après les examens, il lui arrive de **veiller tard**. **Elle corrige les copies d'examen** de ses élèves. Stephy connaît tous les prénoms de ses élèves. Le mercredi après-midi, **il n'y a pas école. Elle a du temps libre.**

Le mari de Stephy s'appelle Rob. **Rob travaille dans l'informatique.** Il est développeur. Il travaille dans un bureau. Il est **tout le temps** assis devant un **ordinateur**. Il **tape** des lignes de code sur le **clavier**. Rob est aussi responsable de la maintenance des ordinateurs de son lieu de travail. Il est le **responsable informatique. Rob fait beaucoup d'heures supplémentaires.** Aline trouve qu'**il travaille trop.** Elle a peur que son père **se surmène**.

Vocabularios

Collégienne	Estudiante
Journal intime	Diario
Pensée(s)	Pensamientos
Ranger (elle le range)	Guardar (ella lo guarda)
tiroir	Cajón
Se réveiller (Aline se réveille)	Despertarse (Aline se despierta)
Prendre une douche (elle prend une douche)	Ducharse (ella se ducha)
elle lave ses cheveux	Se lava el pelo
Elle nettoie ses oreilles	Se limpia los oídos
Elle se brosse les dents	Se cepilla los dientes
ongles	Uñas
salle de bain	Baño
se sécher (elle se sèche)	Secarse (se seca)
serviette	Toalla
Elle s'habille et met ses chaussures	Se viste y se pone los zapatos
Elle peigne ses cheveux	Se peina el pelo
cartable	Mochila
chambre	Habitación
salle à manger	Comedor
Prendre le petit déjeuner (elle prend le petit déjeuner)	Desayunar (ella desayuna)
arrêt de bus	Parada del autobús
La sonnerie retentit	El timbre suena
salle de classe	Aula
s'asseoir	Se sientan
cantine	Cafetería
dejeuner	Almorzar
faire ses devoirs (elle fait ses devoirs)	Hacer los deberes (hace sus deberes)

elle s'endort	Se duerme
après midi	Tarde
poser	Poner
gouter	Tentempié
Bac à linge	Cubo de la lavandería
se déshabiller (elle se déshabille)	Desvestirse (se desviste)
Apprendre (elle apprend)	Estudiar (estudia)
Inachevé(s)	Inacabado(s)
La veille	El día anterior
Elle passe prendre Aline	Recoge a Aline
Jeune diplômée	Joven graduada
Leslie est au chômage	Leslie está desempleada
Passer du temps	Pasar tiempo
Bavarder avec	Chismear con
Maquillage	Maquillaje
Elle ferme la porte à clé	Ella cierra la puerta
Casque de moto	Casco de su motocicleta
Elle démarre la moto	Ella arranca la moto
Serveuse	Camarera
Elle travaille à mi temps	Ella trabaja a tiempo parcial
Pain beurré	Pan y mantequilla
Tenue de serveuse	Uniforme de camarera
Client habitué	Cliente habitual
Il fait la cour à Leslie	Él corteja a Leslie
Généreux pourboire	Propina generosa
Gênée	Incómoda
Prendre un encas (elle prend un encas)	Tomar un tentempié (ella toma un tentempié)

Leslie ne mange pas beaucoup	Leslie no come mucho
Grossir	Engordar
Elle n'a que la peau sur les os	Ella es toda piel y huesos
Boîte de nuit	Clubes nocturnos
Epuisé(e)	Agotada
Elle fait la grasse matinée	Ella duerme hasta tarde por la mañana
Enseignante	Maestra
Veiller tard	Se va tarde a la cama
Elle corrige les copies d'examen de ses élèves	Ella corrige los exámenes de sus alumnos
Il n'y a pas école	No hay escuela
Elle a du temps libre	Ella tiene algo de tiempo libre
Rob travaille dans l'informatique	Rob trabaja en el campo informático
Tout le temps	Siempre
Ordinateur	Ordenador
Taper (il tape…)	Escibir (él escribe)
Clavier	Teclado
Responsable informatique	Ejecutivo de informática
Rob fait beaucoup d'heures supplémentaires	Rob trabaja muchas horas extra
Il travaille trop	Él trabaja demasiado
Se surmener (son père se surmène)	Trabajar demasiado (su padre trabaje demasiado)

Historia 4: La vida de una familia ordinaria.

Aline tiene trece años. Ella es una **estudiante**. A ella le encanta escribir. Su madre le regala un **diario**. Ella escribe sus **pensamientos** en este diario. **Ella lo guarda** en su **cajón**.

De lunes a viernes, Aline **se despierta** a las seis y media de la mañana. **Ella se ducha**. El miércoles, **se lava el pelo**. **Se limpia los oídos. Se cepilla los dientes**. Se corta las **uñas**. Ella **sale del baño** a las seis cuarenta y cinco. **Se seca** con una **toalla**. **Se viste y se pone los zapatos**. **Se peina el pelo**. Ella toma su **mochila**. Sale de su **habitación**.

A las siete en punto va al **comedo**r. **Ella desayuna** con su padre. A las siete y cuarto, ella sale de su casa. Va a la **parada del autobús**. Coge el autobús. A las ocho menos cuarto, llega a la escuela.

El timbre suena a las ocho menos diez. Los estudiantes van a sus **aulas**. Todos se **sientan** en su sitio. Empiezan las clases. El recreo es a las diez menos cuarto. Las clases continúan a las diez en punto. Por la mañana, las clases terminan al mediodía.

Aline va a la **cafetería**. Ella **almuerza** con dos amigas. Después del almuerzo, va a la biblioteca de la escuela. Ella encuentra un lugar donde sentarse. Lee, escribe o **hace sus deberes**. A veces ella **se duerme.**

Por la **tarde,** las clases comienzan a las 13:30. Terminan a las cinco en punto. Aline coge el autobús de vuelta. Aline llega a casa a las dieciocho en punto. Ella **pone** su bolso en su habitación. Ella baja y toma un **tentempié**. Ella se toma un descanso hasta que llega su madre.

La familia cena alrededor de las ocho. Entonces Aline se quita los zapatos, se desviste y se lava. Ella pone su ropa sucia en el **cubo de la lavandería**. Se pone su pijama. Luego **estudia** sus apuntes y hace sus deberes. Ella relata su día en su diario. Aproximadamente a las veintiuno, se acuesta. Ella lee y se queda dormida.

El sábado, Aline se despierta alrededor de las nueve y media. Aline es una chica muy estudiosa. El sábado por la mañana, termina sus deberes **inacabados** del **día anterior**. Entonces ella aprende o revisa sus lecciones.

El sábado por la tarde, Aline sigue las clases de ballet. Su madre la acompaña. Luego **recoge a Aline** a las cuatro en punto.

El domingo, Aline hace algunas actividades con su familia. Se quedan en casa o salen.

La hermana mayor de Aline se llama Leslie. Ella tiene veinticinco años y es una **joven graduada**. **Leslie está desempleada**. Ella vive con sus padres. A ella le encanta **pasar tiempo** con sus amigos. A ella le gusta **chismear con** un amigo. Ella también ama el **maquillaje.**

Cada mañana, Leslie se despierta a las diez en punto. Se prepara y sale de su casa. **Ella cierra la puerta**. Va al garaje de la casa. Se pone el **casco de su motocicleta**. Ella **arranca la moto** y se va.

Leslie tiene un trabajo temporal. Ella es una **camarera** en un pequeño restaurante. **Ella trabaja a tiempo parcial**. A las diez y veinte, llega al restaurante. Ella usa café y come **pan y mantequilla**. Luego se pone su **uniforme de camarera** y comienza a trabajar.

Quentin es un **cliente habitual** del restaurante. **Él corteja a Leslie.** Todos los días, Quentin le **da** a Leslie una **propina generosa**. La joven se siente **incómoda**.

A la una descansa unos quince minutos. **Ella toma un tentempié** y continúa sus servicios. **Leslie no come mucho**. Ella tiene miedo de **engordar. Ella es toda piel y huesos.**

A las seis en punto, Leslie termina sus servicios. A las seis y media, se reúne con sus amigas en un bar.

El viernes por la noche, Leslie y sus amigas salen y van a los **clubes nocturnos**. Ella regresa a la una de la mañana. A veces una amiga suya duerme en su casa. El sábado por la mañana, Leslie está **agotada**. **Ella duerme hasta tarde por la mañana.** Leslie se despierta alrededor del mediodía. Almuerza y por la tarde, ve telenovelas o va al cine con sus amigas.

La madre de Leslie y Aline se llama Stephy. Stephy es una **maestra** de escuela primaria. Stephy ama a los niños y su trabajo. Cada noche, ella prepara las clases para los niños para el día siguiente. Después de los exámenes, a veces se **va tarde a la cama. Ella corrige los exámenes de sus alumnos.** Stephy sabe todos los nombres de sus estudiantes. Los miércoles por la tarde, **no hay escuela. Ella tiene algo de tiempo libre.**

El marido de Stephy se llama Rob. **Rob trabaja en el campo informático**. Rob es un programador. Él trabaja en una oficina. **Siempre** está sentado frente a un **ordenador.** Él **escribe** líneas de código en el **teclado**. Rob también es responsable del mantenimiento de los ordenadores en su lugar de trabajo. Él es el un **ejecutivo de informática. Rob trabaja muchas horas extras**. Aline se da cuenta de que él **trabaja demasiado.** Aline teme que su padre **trabaje demasiado**.

Histoire 5: Voyage, tourisme et vacances

C'est l'été. C'est la **période des vacances**. **Nicolas prépare un voyage** en famille. Il va à l'**agence de voyage**. Un **agent de voyage** l'accueille :

- Bonjour, monsieur. Que puis-je faire pour vous ?
- Bonjour, je voudrais **acheter des billets d'avion** pour Paris, s'il vous plaît.
- Quand partez-vous ?
- **Vendredi prochain.**
- Combien de billets achetez-vous ?
- J'ai besoin de quatre billets d'avion, pour deux adultes et deux enfants.

Nicolas obtient les billets et **rentre à la maison**. Il envoie un e-mail à Sid pour confirmer son **vol**. Sid est le frère de Nicolas. Il habite en France. Les enfants de Nicolas - Chanel et Charlie - sont contents. C'est la première fois qu'ils vont en France. Jenny - la femme de Nicolas - le remercie. **Elle lui donne un baiser sur la joue**.

Jeudi, Jenny prépare les **bagages**. Nicolas vérifie les passeports de tout le monde. Il met son passeport et les passeports des enfants dans son **bagage à main**.

Vendredi matin, Jenny achète un petit cadeau pour Martin. Martin est son **neveu par alliance.** Il est le fils de Sid.

À dix-neuf heures, **Nicolas, Jenny et Evan** - leur **chauffeur - chargent les bagages** dans la **voiture**. À dix-neuf heures trente, tout le monde monte dans la voiture. Ils partent pour l'aéroport. À vingt heures, ils arrivent dans le parking de l'aéroport. Nicolas met les bagages dans un **chariot à bagages**.

Nicolas, Jenny et les enfants vont au **comptoir d'enregistrement** pour faire l'**enregistrement**. Les passeports et les billets sont vérifiés. Les **valises** sont **pesées**. Puis, les bagages sont envoyés dans la **soute** de l'avion. **Chacun** prend sa **carte d'embarquement**. Nicolas et sa famille se dirigent vers leur **porte d'embarquement**. Ils passent la **douane**.

Ils attendent l'heure d'embarquement dans la salle d'attente. À vingt-deux heures trente, **les passagers embarquent**. Dans l'avion, des **agents de bord** accueillent les passagers. Une **hôtesse de l'air sourit** à Chanel et à Charlie. Chacun s'assied sur son **siège**. Les passagers attachent leur **ceinture de sécurité**. L'avion **décolle**.

L'avion arrive à destination vers sept heures du matin. L'avion **atterrit**. Nicolas et sa famille sortent de l'avion. Les agents de bord leur souhaitent la bienvenue en France. Nicolas et sa famille prennent leurs bagages sur le **carrousel**. Sid passe prendre la famille à l'aéroport. Il est content de les revoir. Chanel et Charlie ne se souviennent pas de leur oncle Sid. Nicolas présente son frère à ses enfants.

Les bagages sont chargés dans la voiture de Sid. Après une demi-heure de route, ils arrivent chez Sid. La maison de Sid est une belle grande maison. Nicolas et sa famille restent à Paris pendant une semaine. Ils **logent** chez Sid pendant leur séjour à Paris. Cynthia et Martin accueillent les voyageurs au **seuil de la porte**. Cynthia est la femme de Sid. La chambre de Nicolas et de Jenny est au **premier étage**. La chambre de Chanel et de Charlie se trouve **à côté de** la chambre de leurs parents.

Cynthia sert le petit déjeuner. Les enfants boivent du chocolat chaud et mangent des croissants. Les adultes boivent du thé et mangent du pain au fromage. Les enfants sont **rassasiés**. Et ils sont **fatigués**. Charlie s'endort sur le **canapé** dans le **séjour**. Jenny le prend dans ses bras. Elle l'emmène dans sa chambre. Elle le pose sur le lit. Jenny enlève les chaussures de son fils. Elle le **couvre** d'un **drap**. Chanel bâille. Elle aussi, a envie de dormir. Elle monte dans sa chambre et dort près de son frère.

Leur père fait la sieste dans la **chambre attenante. Jenny prend un bain** dans la **baignoire. Cynthia fait la vaisselle. Sid va au travail. Martin joue aux jeux vidéo.**

Jenny finit son bain et s'habille confortablement. Puis, elle accompagne Cynthia pour **faire les courses**. Les deux femmes se racontent leur vie de mère de famille. Une heure et demie plus tard, **elles rentrent à la maison. Elles préparent le repas.**

Chanel et Charlie se réveillent. Charlie joue aux jeux vidéo avec son cousin Martin. Chanel veut aussi jouer avec eux. Mais Charlie refuse de la laisser jouer. Chanel insiste, mais les deux garçons l'ignorent. Chanel est **attristée.**

Elle sort et **se promène** dans la grande **cour** de la maison. Elle voit la **piscine** de la maison. Elle demande à sa mère si elle peut **nager**. Mais Jenny est encore **occupée**. Chanel ne peut pas nager seule **sans surveillance.**

Chanel va dans le séjour. Elle regarde la télévision. **La petite fille soupire. Elle s'ennuie et se rendort** sur le canapé.

Pendant une semaine, **Nicolas et sa famille font du tourisme** dans la ville de Paris.

Nicolas et sa famille achètent des **billets de train** pour la ville de Marseille. **Malheureusement**, ils sont en retard. **Ils ratent le train.** Ils prennent le train suivant. Quatre heures plus tard, ils arrivent à Marseille. Ils louent une **chambre familiale** dans un hôtel. Les enfants ont faim. Nicolas commande à manger.

Le lendemain, Nicolas et sa famille rendent visite à une amie de Jenny. Elle s'appelle Bea. Le mari de Bea s'appelle Claude. Claude est absent. Il est en voyage depuis une semaine. Claude et Bea ont deux enfants : une fille et un garçon. Marine et Steven ont à peu près le même âge que Chanel et Charlie. Bea, Jenny et les enfants mettent leur **maillot de bain**. Ils vont à la plage.

Marine et Steven construisent un château de sable. Chanel observe Marine et Steven. **Ils se taquinent** et s'amusent beaucoup. Chanel et son frère ne jouent jamais ensemble. Leur relation est tellement différente de celle entre Marine et Steven. Marine et Steven sont proches. Chanel et Charlie ne le sont pas. Steven s'approche de Chanel et lui dit :

- Chanel, veux-tu jouer avec ma sœur et moi ?
- Vous voulez que je joue avec vous ?
- **Tu restes assise à ne rien faire**.
- Je vous regarde.
- Tu es une enfant et tu es en vacances. Tu es censée t'amuser. Nos mamans sont vieilles. Elles, elles restent assises à ne rien faire parce qu'elles sont fatiguées. Elles préfèrent bavarder. Viens te divertir avec nous.
- D'accord !

Chanel est heureuse de trouver de nouveaux amis avec qui jouer.

Vocabularios

C'est l'été	Es verano
Période des vacances	Temporada de vacaciones
Préparer un voyage (Nicolas prépare un voyage)	Planear un viaje (Nicolas planea un viaje)
Agence de voyage	Agencia de viajes
Agent de voyage	Agente de viajes
Acheter des billets d'avion	Comprar unos billetes de avión
Vendredi prochain	El viernes que viene
Rentrer à la maison (il rentre à la maison)	Irse a casa (se va a casa)
Vol	Vuelo
Elle lui donne un baiser sur la joue	Ella le da un beso en la mejilla
Bagages	Equipaje
Bagage à main	Equipaje de mano
Neveu par alliance	Sobrino de su marido
Charger les bagages (Nicolas, Jenny et Evan chargent les bagages)	Cargar el equipaje (Nicolas, Jenny y Evan cargan el equipaje)
Voiture	Coche
Chauffeur	Conductor
Chariot à bagages	Carrito
Comptoir d'enregistrement	Mostrador de facturación
Enregistrement	Registrarse
Valises	Maletas
Peser	Pesar
Soute	Bodega
Chacun	Todos
Carte d'embarquement	Tarjeta de embarque
Porte d'embarquement	Puerta de embarque

Douane	Aduanas
Embarquer (les passagers embarquent)	Subir a bordo (los pasajeros suben a bordo)
Agent(s) de bord	Auxiliar(es) de vuelo
Une hôtesse de l'air sourit	Una azafata sonríe
Siège	Asiento
Ceinture de sécurité	Cinturón de seguridad
Décoller	Despegar
Attérir	Aterrizar
Carroussel	Reclamo de equipaje
Loger	Se quedan
Seuil de la porte	Puerta
Premier étage	Primer piso
A côté de	Cerca de
Cynthia sert le petit déjeuner	Cynthia sirve el desayuno
Les enfants boivent du chocolat chaud	Los niños beben chocolate caliente
Rassasié(s)	Lleno(s)
Fatigué(s)	Cansado(s)
Canapé	Sofá
Salle de séjour	Salón
Couvre	Cubre
Drap	Sábana
Bâiller	Bosteza
Leur père fait la sieste	Su padre hace una siesta
Chambre attenante	Habitación contigua
Jenny prend un bain	Jenny se baña
Baignoire	Bañera
Cynthia fait la vaisselle	Cynthia lava los platos
Sid va au travail	Sid va a trabajar
Martin joue au jeu vidéo	Martin juega con videojuegos
Faire les courses	Hacer la compra

Elles reviennent à la maison	Vuelven a casa
Elles préparent le repas	Cocinan el almuerzo
Attristée	Entristece
Se promener	Camina
Cour	Patio
Piscine	Piscina
Nager	Nadar
Occupée	Ocupada
Sans surveillance	Sin supervisión
La petite fille soupire	La niña suspira
Elle s'ennuie et se rendort	Está aburrida y se queda dormida otra vez
Faire du tourisme (Nicolas et sa famille font du tourisme)	Visitar (Nicolas y su familia visitan)
Billets de train	Billetes de tren
Malheureusement	Lamentablemente
Ils ratent le train	Pierden el tren
Chambre familiale	Habitación familiar
Maillot de bain	Traje de baño
Marine et Steven construisent un château de sable	Marine y Steven construyen un castillo de arena
Se taquiner (ils se taquinent)	Tomarse el pelo (se toman el pelo)
Tu restes assise à ne rien faire	Sigues estando sentada sin hacer nada

Historia 5: Viajes, turismo y vacaciones.

Es verano. Es la **temporada de vacaciones**. **Nicolas planea un viaje** con su familia. Él va a la **agencia de viajes**. Un **agente de viajes** le da la bienvenida:

- Hola señor. ¿Qué puedo hacer por usted?

- Hola, me gustaría **comprar unos billetes de avión** para viajar a París, por favor.

- ¿Cuándo se va?

- **El viernes que viene.**

- ¿Cuántos necesita?

- Necesito cuatro billetes, dos para adultos y dos para niños.

Nicolas consigue los billetes y **se va a casa**. Él envía un correo electrónico a Sid para confirmar su **vuelo**. Sid es el hermano de Nicolas. Sid vive en Francia. Los hijos de Nicolas, Chanel y Charlie, están felices. Esta es la primera vez que van a Francia. Jenny, la esposa de Nicolas, está muy agradecida. **Ella le da un beso en la mejilla.**

El jueves, Jenny prepara el **equipaje.** Nicolas revisa los pasaportes de todos. Él pone su pasaporte y los pasaportes de los niños en su **equipaje de mano**.

El viernes por la mañana, Jenny compra un pequeño regalo para Martin. Martin es el **sobrino de su marido.** Él es el hijo de Sid.

A las siete en punto de la tarde, **Nicolas, Jenny y Evan**, su **conductor, cargan el equipaje** en el **coche**. A las siete y media, todos suben al coche. Se van al aeropuerto. A las ocho en punto, llegan al estacionamiento del aeropuerto. Nicolas pone el equipaje en un **carrito**.

Nicolas, Jenny y los niños van al **mostrador de facturación** para **registrarse**. Se verifican los pasaportes y entradas. Las **maletas** se **pesan**. Luego el equipaje es enviado a la **bodega** desde el avión. **Todos** toman su **tarjeta de embarque**. Nicolas y su familia se dirigen a su **puerta de embarque**. Pasan las **aduanas**.

Esperan la hora de embarque en la sala de espera. A las diez y media, **los pasajeros suben a bordo**. En el avión, **los auxiliares de vuelo** saludan a los pasajeros. Una **azafata sonríe** a Chanel y Charlie. Todos se sientan en su **asiento**. Los pasajeros se abrochan el **cinturón de seguridad**. El avión **despega**.

El avión llega aproximadamente a las siete de la mañana. El avión **aterriza**. Nicolas y su familia salen del avión. Los asistentes de vuelo les dan la bienvenida a Francia. Nicolas y su familia sacan su equipaje del **reclamo de equipaje**. Sid va a recogerlos al aeropuerto. Él está feliz de verlos de nuevo. Chanel y Charlie no recuerdan a su tío Sid. Nicolas presenta a su hermano a sus hijos.

Cargan el equipaje en el coche de Sid. Después de media hora en coche, llegan a casa de Sid. La casa de Sid es grande y bonita. Nicolas y su familia se quedan en París por una semana. Se **quedan** con Sid durante su estancia en París. Cynthia y Martin saludan a los viajeros en la **puerta.** Cynthia es la esposa de Sid. La habitación de Nicholas y Jenny está en el **primer piso**. La habitación de Chanel y Charlie está **cerca de** la habitación de sus padres.

Cynthia sirve el desayuno. Los niños beben chocolate caliente y comen croissants. Los adultos beben té y comen pan de queso. Los niños están **llenos** y **cansados**. Charlie se queda dormido en el **sofá** del **salón**. Jenny lo toma en sus brazos y lo lleva a su habitación. Ella lo pone en la cama. Jenny le quita los zapatos a su hijo. Ella lo **cubre** con una **sábana**. Chanel **bosteza**. Ella también quiere dormir. Sube a su habitación y duerme cerca de su hermano.

Su padre hace una siesta en la **habitación contigua. Jenny se baña** en la **bañera. Cynthia lava los platos. Sid va a trabajar. Martin juega con videojuegos.**

Jenny termina su baño y se viste cómodamente. Luego acompaña a Cynthia **para hacer la compra**. Las dos mujeres se cuentan sus vidas como madres. Una hora y media después, **vuelven a casa y cocinan el almuerzo.**

Chanel y Charlie se despiertan. Charlie juega con los videojuegos con su primo Martin. Chanel también quiere jugar con ellos. Pero Charlie se niega. Chanel insiste pero los dos chicos no quieren. Chanel se **entristece.**

Sale y **camina** por el gran **patio** de la casa. Ella ve la **piscina** de la casa. Ella le pregunta a su madre si puede **nadar**. Pero Jenny todavía está **ocupada**. Chanel no puede nadar sola **sin supervisión.**

Chanel va a la sala de estar. Mira la televisión. **La niña suspira. Está aburrida y se queda dormida otra vez.**

Durante una semana, **Nicolas y su familia visitan** la ciudad de París.

Nicolas y su familia compran **billetes de tren** para la ciudad de Marsella. **Lamentablemente**, retrasan. **Pierden el tren**. Toman el siguiente tren. Cuatro horas más tarde, llegan a Marsella. Alquilan una **habitación familiar** en un hotel. Los niños tienen hambre. Nicolas pide la comida.

El día siguiente, Nicolas y su familia visitan a una amiga de Jenny che se llama Bea. El marido de Bea se llama Claude. Claude está ausente. Lleva una semana viajando. Claude y Bea tienen dos hijos: una niña y un niño. Marine y Steven tienen aproximadamente la misma edad que Chanel y Charlie. Bea, Jenny y los niños se ponen su **traje de baño**. Ellos van a la playa.

Marine y Steven construyen un castillo de arena. Chanel observa a Marine y Steven. **Se toman el pelo mutuamente** y se divierten mucho. Chanel y su hermano nunca juegan juntos. Su relación es muy diferente de la relación entre Marine y Steven. Marine y Steven están cerca. Chanel y Charlie no tienen una relación muy estrecha. Steven se acerca a Chanel y le habla:

- Chanel, ¿quieres jugar con mi hermana y conmigo?

- ¿Quieres que juegue contigo?

- Pues, **sigues estando sentada sin hacer nada.**

- Te estoy mirando.

- Eres una niña y estás de vacaciones. Se supone que debes divertirte. Nuestras mamás son viejas. Están sentadas allí sin hacer nada porque están cansadas. Prefieren charlar. Ven y disfruta con nosotros.

- ¡Bueno!

Chanel está feliz de encontrar nuevos amigos para jugar.

Histoire 6: Les métiers

Julia travaille comme **femme de chambre** dans une maison. Tous les matins, du lundi au samedi, elle commence son travail à sept heures trente. Elle prépare le petit déjeuner de la famille. Elle met de l'eau dans une **casserole**. Elle allume le **réchaud à gaz** pour **faire chauffer** l'eau. Elle achète du pain et des brioches. À son retour, **l'eau bout**. Julia fait du thé. Puis, elle met le thé dans un thermos. Elle chauffe du **lait**.

Julia dresse la table. Elle met sur la table les pains, le beurre, le **sucre**, un pot de **confiture**, les brioches, le thé, le lait et un **panier de fruits**. **Le panier de fruits contient** des bananes, des **raisins** et des **pommes**. Elle place les **sous-tasses** sur la table. Elle met les **tasses** sur les sous-tasses. Elle place les **serviettes de table** près des tasses. Ensuite, elle met les petites **cuillères**, les **fourchettes** et les **couteaux** sur les serviettes de table. Le petit déjeuner est servi.

La famille prend le petit déjeuner. Les adultes vont travailler, les enfants vont à l'école, et les jeunes vont étudier. **Julia débarrasse la table** et fait la vaisselle.

Julia fait les courses. Elle achète des concombres, des tomates, du vinaigre, une **gousse d'ail**, du maïs, de l'**huile**, de la **charcuterie**, du fromage, du citron, des pâtes et du **sel**. Julia coupe le fromage, les charcuteries, et les **légumes** en petits cubes. Elle **hache la gousse d'ail**. Elle cuit les pâtes. Elle prépare une sauce vinaigrette. **Julia mélange** le tout dans un **saladier**. Elle met la salade de pâtes dans le **réfrigérateur**. Julia fait du **jus de citron**. Elle met le jus dans le réfrigérateur.

Elle nettoie le **plancher** des **pièces** de la maison avec un **balai**. Puis, **elle passe l'aspirateur. Elle dépoussière** les **meubles. Elle fait le lit** dans la chambre d'enfant. Elle lave le **lavabo**, la baignoire et le miroir de la douche. Elle lave les toilettes. Elle lave les **carreaux** de la **véranda. Elle arrose les plantes** et lave les **vitres des fenêtres** de la maison. Ensuite, Julia se lave les mains.

À onze heures trente, **Julia met la table.** Les enfants arrivent à la maison vers midi. Ils mangent la salade de pâtes préparée par Julia. Puis, ils retournent à l'école. Julia débarrasse la table et fait la vaisselle.

L'après-midi, **Julia lave le linge** sale avec la **machine à laver.** Ensuite, **elle étend le linge. Elle repasse** les vêtements **secs.** Julia rentre chez elle vers seize heures.

Julia est **veuve** depuis des années. Elle n'est pas mariée et n'a pas d'enfants. Mais elle a une nièce. Elle s'appelle Cathy. Cathy habite avec Julia. Cathy est orpheline depuis son adolescence. Elle est charmante, intelligente et gentille. Elle aime Julia comme une mère. Les deux femmes sont très proches.

Cathy travaille comme **secrétaire de direction**. Du lundi au vendredi, elle se réveille à six heures trente. Elle se prépare et arrive au travail à sept heures cinquante. Son patron - George - arrive toujours au **bureau** vers neuf heures trente du matin. George est le **directeur** de la société. À son arrivée au bureau, Cathy lui prépare du café. Parfois, George mange un muffin avec son café.

Puis, Cathy lui rappelle les tâches à faire pendant la journée. Cathy planifie les tâches. Elle organise les réunions. **Elle prend des notes** pendant les **réunions** de George avec les collègues ou partenaires de la société. Ensuite, **elle rédige** le **compte-rendu** des réunions. Quand George part en **voyage d'affaires, il enregistre** les réunions avec son smartphone. George envoie les fichiers audio par **courrier électronique.** Cathy les reçoit. Puis, elle fait la transcription des **fichiers**. Elle écoute les réunions et rédige les rapports.

Cathy répond aux **appels téléphoniques.** Elle enregistre le nom et les messages des personnes qui appellent. Cathy contacte aussi les clients.

Cathy est responsable de toutes les tâches administratives. George est content des services de Cathy. Elle est responsable, sérieuse, habile et a une grande **capacité d'écoute.** Elle obtient fréquemment une **prime** pour la qualité de son travail. Après deux ans de service **au sein de** la société, Cathy obtient une **augmentation de salaire**.

Pour fêter son augmentation, Cathy invite sa tante Julia à dîner au restaurant. Cathy lui achète aussi de nouveaux **escarpins** et une belle **robe de soirée**. Julia la remercie de sa générosité. La semaine suivante, Julia prépare le plat préféré de Cathy pour la remercier. Julia lui souhaite beaucoup de succès dans sa carrière.

Le frère de George s'appelle Gerard. Gerard est médecin. Tous les matins, il se réveille **de bonne heure**. Il se prépare et part travailler. Gerard a son propre **cabinet médical**. **Il ausculte** les patients. Il écrit des **ordonnances**. Les patients paient les **frais** de consultation médicale.

Les patients achètent les médicaments à la **pharmacie**.

Lilly est **infirmière**. Elle assiste le docteur Gerard.

Vocabularios

Métier(s)	Trabajo(s)
Femme de chambre	Empleada doméstica
Casserole	Cacerola
Réchaud à gaz	Hornillo de gas
Faire chauffer	Calentar
L'eau bout	El agua está hirviendo
Lait	Leche
Julia dresse la table	Julia pone la mesa
Sucre	Azúcar
Confiture	Mermelada
Contenir (le panier de fruits contient…)	Contener (la cesta de frutas contiene…)
Raisins	Uvas
Pomme(s)	Manzana(s)
Sous tasse(s)	Platillo(s)
Tasses	Taza(s)
Serviette(s) de table	Servilleta(s)
Cuillères cuillers	Cucharas
Fourchettes	Tenedores
Couteaux/couteau	Cuchillos/cuchillo
Julia débarasse la table	Julia quita la mesa
Gousse d'ail	Diente de ajo
Huile	Aceite
Viande	Carne
Charcuterie	Embutidos
Sel	Sal
Légume(s)	Verduras
Elle hache la gousse d'ail	Ella corta el diente de ajo
Mélanger (Julia mélange…)	Mezclar (Julia lo mezcla)
Saladier	Ensaladera
Réfrigérateur	Nevera
Jus de citron	Zumo de limón

Nettoyer (elle nettoie)	Limpiar (ella limpia)
Plancher	Piso
Pièce(s)	Habitación/habitaciones
Balai	Escoba
Elle passe l'aspirateur	Pasa la aspiradora
Épousseter (elle époussette…)	Desempolvorar (desempolvora)
Meubles	Muebles
Elle fait le lit	Hace la cama
Lavabo	Lavabo
Carreau(x)	Azulejos
Veranda	Terraza interior
Elle arrose les plantes	Riega las plantas
Vitres des fenêtres	Cristales de las ventanas
Julia met le couvert	Julia pone la mesa
Lave le linge (Julia lave le linge)	Hacer la colada (Julia hace la colada)
Machine à laver	Lavadora
Elle étend le linge	Cuelga la ropa
Elle repasse	Plancha
Sec(s)	Seca
Veuve	Viuda
Secrétaire de direction	Secretaria ejecutiva
Bureau	Oficina
Directeur	Gerente
Elle prend des notes	Toma notas
Réunion(s)	Reunión/reuniones
Elle rédige	Escribe
Compte rendu	Informe
Voyage d'affaires	Viaje de negocios
Il enregistre	Graba
Courrier électronique	Correo electrónico
Fichier(s)	Archivo(s)
Appel(s) téléphonique(s)	Llamada(s) telefónica(s)

Capacité d'écoute	Habilidades para escuchar
Prime	Bonificación
Au sein de	En
Augmentation de salaire	Aumento de sueldo
Escarpins	Tacones
Robe de soirée	Vestido de noche
De bonne heure	Temprano
Cabinet médical	Consultorio médico
Ausculter (il ausculte…)	Examinar (él examina)
Ordonnance	Receta
Frais	Tarifa
Pharmacie	Farmacia
Infirmière	Enfermera

Historia 6: Los trabajos

Julia trabaja como **empleada doméstica** en una casa. Cada mañana, de lunes a sábado, empieza a trabajar a las siete y media. Ella prepara el desayuno para la familia. Pone agua en una **cacerola**. Enciende el **hornillo de gas para calentar** el agua. Ella compra pan y bollos. A su regreso, **el agua está hirviendo**. Julia hace té. Luego ella pone el té en un termo. Ella está calentando la **leche**.

Julia pone la mesa. Pone pan, mantequilla, **azúcar**, un tarro de **mermelada**, bollos, té, leche y una **cesta de frutas** sobre la mesa. **La cesta de frutas contiene** plátanos, **uvas** y **manzanas**. Ella coloca los **platillos** sobre la mesa. Pone las **tazas** en los platillos. Coloca las **servilletas** cerca de las tazas. Luego coloca **cucharas, tenedores** y **cuchillos** en las servilletas. El desayuno esta listo.

La familia desayuna. Los adultos van al trabajo, los niños van a la escuela y los jóvenes van a estudiar. **Julia quita la mesa** y frega los platos.

Julia hace las compras. Ella compra pepino, tomate, vinagre, **dientes de ajo,** maíz, **aceite, embutidos,** queso, limón, pasta y **sal**. Julia corta el queso, los embutidos y las **verduras** en cubitos. Ella **corta el diente de ajo.** Cocina la pasta. Prepara una salsa de vinagreta. **Julia lo mezcla** todo en una **ensaladera**. Pone la ensalada de pasta en la **nevera**. Julia hace **zumo de limón** y lo pone la nevera.

Ella limpia el **piso** de las **habitaciones** de la casa con una **escoba**. Luego **pasa la aspiradora**. **Desempolvora** los **muebles**. Hace la **cama** en la habitación del niño. Está lavando el **lavabo**, la bañera y el cristal de la ducha. Está lavando el inodoro. Ella está lavando los **azulejos** de la **terraza interior**. **Riega las plantas** y lava los **cristales de las ventanas** de la casa. Entonces Julia se lava las manos.

A las once y media, **Julia pone la mesa**. Los niños llegan a casa alrededor del mediodía. Comen la ensalada de pasta preparada por

Julia. Luego vuelven a la escuela. Julia limpia la mesa y lava los platos.

Por la tarde, **Julia hace la colada** con **la lavadora**. Luego **cuelga la ropa**. **Plancha** la ropa **seca**. Julia vuelve a casa a las cuatro en punto.

Julia ha sido **viuda** durante años. Ella no está casada y no tiene hijos. Pero tiene una sobrina. Su nombre es Cathy. Cathy vive con Julia. Cathy ha sido huérfana desde que era una adolescente. Ella es encantadora, inteligente y amable. Ella ama a Julia como si fuese su madre. Las dos mujeres son muy cercanas.

Cathy trabaja como **secretaria ejecutiva**. De lunes a viernes, se levanta a las seis y media. Se prepara y llega al trabajo a las siete y cincuenta. Su jefe, George, siempre llega a la **oficina** alrededor de las nueve y media de la mañana. George es el **gerente** de la empresa. Cuando ella llega a la oficina, Cathy le prepara un café. A veces George come un panecillo con su café.

Entonces Cathy le recuerda las tareas del día. Cathy planea las tareas. Ella organiza las reuniones. **Toma notas** durante las **reuniones** de George con colegas o socios de la empresa. Luego **escribe** el **informe** de las reuniones. Cuando George se va de **viaje de negocios, graba** las reuniones con su teléfono inteligente. George envía los archivos de audio por **correo electrónico.** Cathy los recibe. Entonces ella hace la transcripción de los **archivos**. Escucha reuniones y escribe informes.

Cathy contesta las **llamadas telefónicas**. Ella registra los nombres y mensajes de las personas que llaman. Cathy también contacta a los clientes.

Cathy es responsable de todas las tareas administrativas. George está satisfecho con los servicios de Cathy. Cathy es responsable, seria, hábil y tiene excelentes **habilidades para escuchar**. Con frecuencia recibe una **bonificación** por la calidad de su trabajo. Después de dos años de servicio **en** la empresa, Cathy recibe un **aumento de sueldo**.

Para celebrar su promoción, Cathy invita a su tía Julia a cenar en el restaurante. Cathy también compra **tacones** nuevos y un hermoso **vestido de noche**. Julia le agradece por su generosidad. La semana siguiente, Julia prepara el plato favorito de Cathy para agradecerle. Julia le desea todo el éxito en su carrera.

El nombre del hermano de George es Gerard. Gerard es un doctor. Cada mañana, se despierta **temprano**. Se prepara y se va a trabajar. Gerard tiene su propio **consultorio médico**. **Él examin**a a los pacientes. Escribe la **receta**. Los pacientes pagan la **tarifa** de consulta médica.

Los pacientes compran los medicamentos en la **farmacia**.

Lilly es una **enfermera**. Ella está ayudando al Dr. Gerard.

Histoire 7: Mariage

Adam et Barbara sont ensemble depuis six ans. Le jour de l'anniversaire de Barbara, Adam l'invite à dîner chez lui. À la **fin** du dîner, **Adam lui demande sa main. Barbara et Adam se fiancent. Barbara annonce la grande nouvelle** à sa famille.

Adam et Barbara préparent leur **mariage. Ils fixent une date** pour la cérémonie du **mariage** : ils choisissent le jour de l'anniversaire de leur **première rencontre.** Adam et Barbara calculent le budget du mariage. **Ils veulent que tout soit parfait pour leur grand jour.**

Adam et Barbara dressent la liste des préparatifs pour le mariage :

- La **robe de mariée**
- La **coiffure** et les accessoires de la mariée : le **voile**, les chaussures, le maquillage et les **bijoux**
- Le **costume** du marié
- Les **alliances**
- L'**organisateur de mariage**
- Les **témoins** de la mariée et les témoins du marié
- Les robes des **demoiselles d'honneur**
- Les costumes des **garçons d'honneur**
- La **liste des invités**
- Les **cartons d'invitation**
- Le transport
- Le **bouquet de la mariée** et les **fleurs**
- La **cérémonie du mariage**
- La décoration de la chapelle
- Le **repas de mariage**
- Les **boissons**
- Le **gâteau de mariage**
- La **figurine des mariés**
- La **salle de réception**
- La décoration de la salle
- Le **plan de table**

- L'orchestre et le disc-jockey pour l'animation
- La chanson d'ouverture
- La danse d'ouverture
- Le photographe et le cameraman

Adam et Barbara commencent les **préparatifs avant le mariage**. Barbara engage Suzie comme organisatrice de mariage.

Une couturière confectionne la robe de mariée de Barbara. La couturière s'appelle Brooke. Barbara lui montre le modèle de robe souhaitée.

Adam demande à son cousin Richard d'être son témoin. Les garçons d'honneur sont le petit frère et le petit cousin d'Adam. Les demoiselles d'honneur sont les deux petites sœurs de Barbara. Adeline - la tante de Barbara - est son témoin de mariage.

Barbara rédige le texte d'invitation au mariage :

« Adam et Barbara sont heureux de vous inviter à leur cérémonie de mariage, le samedi 21 février 2009, à 11 heures à la chapelle Saint-Jean. Nous avons le plaisir de vous convier au déjeuner à l'Espace des Colombes après la cérémonie.

Merci de confirmer votre présence avant le 15 février. »

Barbara donne le texte à Suzie. Suzie fait **imprimer** les **faire-part** de mariage. Suzie écrit les noms des invités sur les cartons d'invitation. Barbara envoie les invitations aux **convives**.

Adam et Barbara prennent des cours de danse pour leur mariage.

Le jour de son mariage, Barbara se réveille à six heures du matin. **Elle prend un bon bain.** La **maquilleuse** et la **coiffeuse** arrivent chez elle.

Barbara sort de son bain et se sèche. Elle se prépare. Elle met sa robe blanche. La maquilleuse commence à la maquiller. La coiffeuse arrange ses cheveux. Barbara met son collier et ses **boucles d'oreilles**. À neuf heures, Barbara est prête. Le photographe prend des photos de la belle mariée. La voiture de la mariée passe prendre Barbara à neuf heures trente. Elle arrive à l'**église** à dix heures trente. Les invités remplissent les **bancs** de l'église, **petit à petit**.

À dix heures cinquante, Adam est **debout** devant l'**autel**. À onze heures, l'organiste joue une mélodie. Les garçons et les demoiselles d'honneur font leur entrée. Puis, l'assistance se lève. La mariée fait son entrée. Son père l'accompagne vers l'autel. Barbara rejoint son futur mari devant l'autel. L'assistance reprend place. Le prêtre commence la cérémonie.

Adam et Barbara sont désormais mari et femme. L'organiste joue **la marche nuptiale**. Les nouveaux mariés sortent de l'église. Les invités les félicitent.

Les jeunes mariés et les invités arrivent à l'Espace des Colombes vers douze heures trente. Les invités regardent le plan de table et prennent place. Adam et Barbara dansent sur la chanson d'ouverture de leur mariage. La chanson d'ouverture est jouée une deuxième fois. Les invités dansent avec les mariés.

Vers seize heures, les mariés coupent le gâteau. On ouvre une **bouteille de champagne**. Les invités applaudissent. Adam et Barbara prennent des photos avec les groupes d'invités.

Vers dix-sept heures trente, **la mariée lance le bouquet**. Une tante d'Adam attrape le bouquet. Les invités donnent les cadeaux de mariage aux jeunes mariés. La fête se termine vers dix-neuf heures. Les convives souhaitent une bonne et heureuse vie maritale à Barbara et à Adam. Les jeunes mariés passent leur **nuit de noces** dans une chambre d'hôtel. Ils commencent une nouvelle **étape** de leur vie.

Le lendemain, ils partent en **lune de miel**. Ils prennent l'avion pour l'**île Maurice**. Ils louent la **suite nuptiale** d'un **hôtel de luxe**.

Barbara se **prélasse** sur la **plage**. Elle s'endort. **Adam se baigne dans la mer**.

Les jeunes mariés rencontrent un autre couple : Michel et Jessica. Michel et Jessica sont eux aussi en lune de miel. Jessica est une ancienne camarade de classe de Barbara. Les deux couples logent dans le même hôtel. **Michel et Adam font connaissance.** Jessica et Barbara se racontent des souvenirs du collège.

Le soir, les deux couples dînent ensemble. **Ils passent une bonne soirée.**

Vocabularios

Adam et Barbara sont ensemble depuis six ans	Adam y Barbara han estado juntos por seis años
Fin	Final
Adam lui demande sa main	Adam le pide la mano
Barbara et Adam se fiancent	Adam y Barbara se comprometen
Annoncer la nouvelle (Barbara annonce la nouvelle)	Dar la noticia (Barbara le da la noticia)
Mariage	Boda
Ils fixent une date	Establecen una fecha
Première rencontre	Primer encuentro
Ils veulent que tout soit parfait pour leur grand jour	Quieren que todo sea perfecto en su gran día
Robe de mariée	Vestido de novia
Coiffure	Peinado
Voile	Velo
Bijoux	Joyería
Costume	Traje
Alliances	Anillos de boda
Organisateur de mariage	Coordinador de bodas
Témoins du mariage	Testigos de boda
Demoiselles d'honneur	Damas de honor
Garçon d'honneur/garçons d'honneur	Padrinos
La liste des invités	Lista de invitados
Carton(s) d'invitation	Tarjetas de invitación
Bouquet de la mariée	El ramo de la novia
Fleurs	Flores
Cérémonie du mariage	La ceremonia de boda
Repas de mariage	El desayuno de la boda
Boissons	Bebidas
Gâteau de mariage	Tarta nupcial
Figurine des mariés	Estatuillas de la pareja

Salle de réception	Sala de recepción
Plan de table	Tabla de asientos
Préparatifs avant le mariage	Preparativos antes de la boda
Une couturière confectionne la robe de mariée	Una modista hace el vestido de novia
Imprimer	Imprime
Faire part	Anuncio de la boda
Convives	Invitados
Elle prend un bon bain	Ella se baña
Maquilleuse	Maquilladora
Coiffeuse	Peluquera
Boucles d'oreilles	Pendientes
Eglise	Iglesia
Banc(s)	Banco(s)
Petit à petit	Poco a poco
Debout	De pie
Autel	Altar
La marche nuptiale	Marcha nupcial
Les jeunes mariés	Los recién casados
Une bouteille de champagne	Botella de champán
La mariée lance le bouquet	La novia arroja el ramo
Nuit de noces	Noche de bodas
Etape	Etapa
Lune de miel	Luna de miel
île Maurice	Mauricio
Suite nuptiale	Suite nupcial
Hôtel de luxe	Hotel de lujo
Bronzer	Morena
Plage	Playa
Adam se baigne dans la mer	Adam nada en el mar
Michel et Adam font connaissance	Michael y Adam se conocen
Ils passent une bonne soirée	Se la pasan muy bien

Historia 7: Boda

Adam y Barbara han estado juntos por seis años. Para el cumpleaños de Barbara, Adam la invita a cenar a su casa. Al **final** de la cena, **Adam le pide la mano. Barbara y Adam se comprometen. Barbara le da la noticia** a su familia.

Adam y Barbara están preparando su **boda. Establecen una fecha** para la ceremonia de **boda**: eligen el día del aniversario de su **primer encuentro.** Adam y Barbara calculan el presupuesto de la boda. **Quieren que todo sea perfecto en su gran día.**

Adam y Barbara enumeran los preparativos para la boda:

- El **vestido de novia**
- El **peinado** y los complementos de la novia: **velo**, zapatos, maquillaje y **joyería** de la novia
- El **traje** del novio
- Los **anillos de boda**
- El **coordinador de bodas**
- Los **testigos de boda** de la novia y los testigos del novio
- Los vestidos de las **damas de honor**
- Los trajes de los **padrinos**
- La **lista de invitados**
- Las **tarjetas de invitación**
- El transporte
- El **ramo de la novia** y las **flores**
- La **ceremonia de boda**
- La decoración de la capilla
- El **desayuno de la boda**
- Las **bebidas**
- La **tarta nupcial**
- La **estatuilla de la pareja**
- La **sala de recepción**
- La decoración de la habitación
- La **tabla de asientos**
- La orquesta y el disc jockey para la animación

- La canción de apertura
- El baile de apertura
- El fotógrafo y el camarógrafo

Adam y Barbara comienzan los **preparativos antes de la boda**. Barbara contrata a Suzie como coordinadora de bodas.

Una modista hace el **vestido de novia** de Bárbara. La modista es Brooke. Barbara le muestra el modelo del vestido.

Adam le pide a su primo Richard que sea su testigo. Los padrinos de boda son el hermano pequeño y el primo de Adán. Las damas de honor son las dos hermanas menores de Barbara. Adeline, la tía de Barbara, es la testigo de su boda.

Barbara escribe el texto de invitación para la boda:

"Adam y Barbara se complacen en invitarles a su ceremonia de boda el sábado 21 de febrero de 2009 a las 11:00 en la Capilla Saint John. Nos complace invitarles a almorzar en el Espace des Colombes después de la ceremonia.

Les agradeceríamos si pudieran confirmar su presencia antes del 15 de febrero ".

Barbara le da el texto a Suzie. Suzie **imprime** el **anuncio de la boda**. Suzie escribe los nombres de los invitados en las tarjetas de invitación. Barbara envía las invitaciones a los **invitados**.

Adam y Barbara toman clases de baile para su boda.

El día de su boda, Barbara se despierta a las seis de la mañana. **Ella se baña**. La **maquilladora** y la **peluquera** llegan a su casa.

Bárbara sale de su baño y se seca. Se prepara. Se pone su vestido blanco. La maquilladora empieza a maquillarle. La peluquera arregla su cabello. Barbara se pone el collar y los **pendientes**. A las nueve en punto Barbara está lista. El fotógrafo saca fotos de la bella novia. El carruaje de la novia pasa a recoger a Barbara a las nueve y media. Ella llega a la **iglesia** a las diez y media. Los invitados llenan los **bancos** de la iglesia **poco a poco.**

A las diez y cincuenta, Adam está **de pie** frente al **altar**. A las once en punto, el organista toca una melodía. Los padrinos de boda y las damas de honor hacen su entrada. Entonces la audiencia se levanta. La novia está entrando. Su padre la acompaña al altar. Barbara se une a su futuro esposo frente al altar. El público se sienta. El cura comienza la ceremonia.

Adam y Barbara ahora son marido y mujer. El organista interpreta la **marcha nupcial**. Los recién casados salen de la iglesia. Los invitados los felicitan.

Los recién casados y los invitados llegan al Espace des Colombes alrededor de las doce y media. Los invitados miran la tabla de asientos y se sientan. Adam y Barbara bailan en la canción de apertura de su boda. La canción de apertura se reproduce una segunda vez. Los invitados bailan con los novios.

Alrededor de las cuatro en punto, la novia y el novio cortan la tarta. Abren una **botella de champán.** Los invitados aplauden. Adam y Barbara toman fotos con los grupos invitados.

Alrededor de los diecisiete treinta, **la novia arroja el ramo**. Una tía de Adán atrapa el ramo. Los invitados entregan los regalos de boda a los recién casados. La fiesta termina alrededor de las diecinueve. Los invitados desean una buena y feliz vida matrimonial a Barbara y Adam. Los recién casados pasan la **noche de bodas** en una habitación del hotel. Comienzan una nueva **etapa** en sus vidas.

Al día siguiente, se van de **luna de miel**. Ellos vuelan a **Mauricio**. Alquilan la **suite nupcial** de un **hotel de lujo**.

Barbara se pone **morena** en la **playa**. Se duerme. **Adam nada en el mar**.

Los recién casados se encuentran con otra pareja: Michel y Jessica. Michel y Jessica también están en su luna de miel. Jessica es una vieja compañera de clase de Barbara. Ambas parejas viven en el mismo hotel. **Michael y Adam se conocen**. Jessica y Barbara comparten recuerdos del colegio.

Por la noche, las dos parejas cenan juntas. **Se la pasan muy bien**.

Histoire 8: Correspondantes

Le professeur de français de Judy lui donne les **coordonnées** d'une jeune fille. Cette jeune fille habite à l'étranger. Elle s'appelle Fabienne. Judy lui envoie une première lettre :

« Marseille, le 14 janvier 2002

Bonjour Fabienne,

Je m'appelle Judy. J'aimerais bien correspondre avec toi. Je suis une jeune fille de dix-huit ans. J'habite en France. Je souhaiterais faire ta connaissance.

Judy Laroche. »

Quelques jours plus tard, Judy reçoit une réponse de Fabienne.

« Tananarive, le 22 janvier 2002

Bonjour Judy,

*J'ai bien reçu ta lettre. **Je suis très contente de faire ta connaissance.** Et je suis ravie d'être ta correspondante. Je te souhaite une bonne et heureuse année. Je me présente, je m'appelle Fabienne et j'ai dix-neuf ans. **Je suis étudiante en première année à la Faculté de Lettres. J'étudie l'anglais à l'université.** **La prochaine fois,** j'écrirai une lettre plus longue. **Je dois aller en cours.***

Dans l'attente de te lire,

Fabienne, ta nouvelle amie. »

« Marseille, le 1ᵉʳ février 2002

Bonjour Fabienne,

***Ta lettre me donne le sourire.** Je te remercie. **Tu as l'air d'une fille très sympathique.** Je me présente à mon tour. Comme tu le sais, je m'appelle Judy. Je suis en première au* *lycée. Et j'habite chez mes parents. J'ai un grand frère. Il s'appelle Denis et nous sommes très proches. Denis a terminé le lycée l'année dernière. Je ne sais pas quelle **filière d'études** il va choisir. En ce moment, il suit des **cours de cuisine**. Il est doué. **Denis est un cordon bleu.** Nous aimons cuisiner des plats ensemble. C'est mon frère qui prépare le repas à la maison. Et moi, je l'aide. Et toi, as-tu des frères et sœurs ? Es-tu proche d'eux ?*

Bonne journée,

Judy. »

« Tananarive, le 11 février 2002

Salut Judy !

*Oui, j'ai un petit frère. Il s'appelle Nathan. Il a huit ans et il est à l'école primaire. Il adore le football. **Il est un peu turbulent.** Je ne passe pas beaucoup de temps avec Nathan. **Comme tu le vois, nous avons onze ans d'écart.** Mais **je l'apprécie. Je m'occupe de lui** lorsque nos parents sont absents. Tu aimes beaucoup ton frère. Tu parles beaucoup de lui. J'aime bien ta relation avec ton frère. En plus, il aime cuisiner pour sa famille. Et toi, quelle est ta passion ? **Parle-moi un peu plus de toi**.*

Fabienne. »

« Marseille, le 16 février 2002

Salut Fabienne,

*Ma passion ? Je ne sais pas... **Pour l'instant**, mon **but** est de **finir le lycée**. Tu sais, j'ai redoublé une fois au collège, et une fois au lycée. Je ne néglige pas mes études. **Je dois juste** travailler dur pour réussir mes études.*

*Je te dis à bientôt. Il est dix-huit heures chez nous. **Je vais aller me coucher. Je ne me sens pas bien. J'ai la grippe.***

Ma mère m'emmène chez le médecin demain. ***Heureusement****, on est vendredi. Je peux me reposer.*

Judy. »

« Tananarive, le 25 février 2002

Bonjour Judy,

Je te souhaite un bon rétablissement*. On est le 25 février. J'espère que depuis ta dernière lettre, tu es guérie.* ***Souhaite-moi bonne chance****. Je prépare des examens en ce moment.*

À bientôt,

Fabienne. »

« Paris, le 1er mars 2002

Salut Fabienne,

Oui, je suis déjà guérie. C'est les vacances. Je t'écris de la ville de Paris. Je rends visite à ma cousine Mélanie. Elle habite à Paris. ***Elle loue un appartement.*** *Et elle est étudiante en anglais, comme toi. Je rentre à Marseille le 7 mars. J'ai encore beaucoup de devoirs de vacances à terminer pour la rentrée. Bonne chance pour tes examens !*

Judy. »

« Marseille, le 15 avril 2002

Bonjour Fabienne,

Cela fait un moment que tu n'as pas écrit. J'espère que tu vas bien. Je t'envoie cette lettre pour ***demander de tes nouvelles****.*

Judy. »

« Tananarive, ce 23 avril 2002

Bonjour Judy,

*Je suis désolée pour ce silence prolongé. Ces derniers temps, **je n'ai pas la tête à** écrire. Un malheureux évènement s'est produit. Le frère aîné de mon père est **décédé**. C'était mon oncle préféré. J'ai été très occupée par les **obsèques**. En même temps, j'ai aussi passé des examens. En tout cas, je te remercie pour ta lettre. **Merci de t'inquiéter pour moi. Cela me fait chaud au cœur.** Tu es vraiment une bonne amie. J'espère que tu vas bien.*

Bises,

Fabienne. »

« Marseille, ce 27 avril 2002

Chère Fabienne,

*Je vous adresse mes sincères condoléances, à toi et à ta famille. **J'ai un contrôle de mathématiques demain.** Je suis en train de réviser. Denis est absent. **Il me manque.** La maison est un peu silencieuse. As-tu réussi tes examens ?*

À bientôt !

Judy. »

« Tananarive, ce 1ᵉʳ mai 2002

Chère Judy,

*C'est la **fête du travail** aujourd'hui. Je profite de ce **jour férié** pour t'écrire. J'ai réussi mes examens. J'ai eu mon diplôme. Mes parents en sont très contents. Quelle est ta date d'anniversaire ? Ma date d'anniversaire est le 6 septembre. **Je joins une photo de moi à cette lettre.***

À bientôt,

Fabienne. »

« Marseille, ce 7 mai 2002

Bonjour Fabienne,

*Tu es **ravissante** sur la photo. J'aime bien ta **jupe** et ton **chemisier**. Excuse-moi. Je ne t'envoie pas ma photo. Je suis un peu **timide**. Et je ne suis pas photogénique. Je t'envoie la photo de mon chien. C'est la première fois que je te parle de lui. C'est un **chien de salon**. Il s'appelle Coton. Il est très **doux**. Tu es née le 6 septembre ? Je note cette date dans mon **agenda**. Je vais acheter un cadeau pour toi le jour de ton anniversaire. Quelle est ta couleur préférée ? Ma couleur préférée est le violet. Ma date d'anniversaire est le 17 novembre.*

Bises,

Judy. »

« Tananarive, ce 12 mai 2002

Salut Judy !

Ce n'est pas grave** si tu n'envoies pas ta photo. Coton est un chien très **mignon**. Mais je suis allergique aux poils de chien et aux **poils de chat**. Ma couleur préférée est le bleu. Je vais aller m'occuper de mon petit frère. **Il s'est blessé.

À bientôt !

Fabienne. »

« Marseille, ce 17 mai 2002

Bonsoir Fabienne,

*Dis à ton petit frère de **faire attention**. **J'espère qu'il va bien**. As-tu une adresse mail, Fabienne ? C'est plus pratique de communiquer par courrier électronique. C'est plus **rapide**. On perd moins de temps. Voici mon adresse mail : judy.dubois2002@monmail.com.*

À bientôt !

Judy. »

« Tananarive, ce 25 mai 2002

Bonsoir Judy,

*Je viens de créer une adresse e-mail. **Tu as raison**. Les e-mails sont plus pratiques. **D'ailleurs**, je viens de t'envoyer un e-mail. Mon adresse e-mail est dans cet e-mail.*

À bientôt !

Fabienne. »

Vocabularios

Correspondants/correspondantes	Amigos/as por correspondencia
Coordonnées	Detalles
Je suis très contente de te rencontrer	Estoy muy feliz de conocerte
Je suis étudiante en première année à la faculté des lettres	Soy una estudiante de primer año en la Facultad de Artes
J'étudie l'anglais à l'université	Estudio inglés en la universidad
La prochaine fois	La próxima vez
Je dois aller en cours	Tengo que ir a clase
Ta lettre me donne le sourire	Tu carta me hace sonreír
Tu as l'air d'une fille très sympathique	Pareces una gran chica
Filière d'études	Campo de estudio
Cours de cuisine	Clases de cocina
Denis est un cordon bleu	Denis es un buen cocinero
Il est un peu turbulent	Él es un poco indisciplinado
Comme tu le vois	Como ves
Nous avons onze ans d'écart	Nos separan once años
Je l'apprécie	Me gusta él
Je m'occupe de lui	Yo lo cuido
Pour l'instant	Por ahora
But	Objetivo
Finir le lycée	Terminar el colegio
Je dois juste…	Solo tengo que…
Je vais aller me coucher	Me voy a la cama
Je ne me sens pas bien	No me siento bien
J'ai la grippe	Tengo gripe
Ma mère m'emmène chez le médecin demain	Mi madre me lleva al médico mañana

Heureusement	Afortunadamente
Je peux me reposer	Puedo descansar
Je te souhaite un bon rétablissement	Espero que pronto te sientas mejor
Souhaite moi bonne chance	Deséame suerte
Elle loue un appartement	Está alquilando un piso
Demander de tes nouvelles	Preguntarte qué tal
Décédé	Ha muerto
Obsèques	Funeral
Je n'ai pas la tête à…	No estoy de humor para…
Merci de t'inquiéter pour moi	Gracias por preocuparte por mí
Cela me fait chaud au cœur	Esto me calienta el corazón
J'ai un contrôle de mathématiques demain	Tengo un examen de matemáticas mañana
Il me manque	Le extraño
Fête du travail	Día del Trabajo
Jour férié	Vacaciones
Je joins une photo de moi à cette lettre	Adjunto una foto de mí a esta carta
Ravissante	Muy guapa
Jupe	Vestido
Chemisier	Blusa
Timide	Tímida
Chien de salon	Perrito faldero
Doux	Dulce
Agenda	Agenda
Ce n'est pas grave	No importa
Mignon	Adorable
Poils de chat	Pelo de gato
Il s'est blessé	Se ha hecho daño
Faire attention	Tener cuidado
J'espère qu'il va bien	Espero que esté bien

Rapide	Más rápido
Tu as raison	Tienes razón
D'ailleurs	Por cierto

Historia 8: Amigas por correspondencia

La maestra de francés de Judy le da los **detalles** de una joven. Esta chica vive en el extranjero. Su nombre es Fabienne. Judy le envía la primera carta:

"Marsella, 14 de enero de 2002

Hola Fabienne

Mi nombre es Judy. Me gustaría corresponder contigo. Soy una chica de dieciocho años. Vivo en Francia. Me gustaría conocerte.

Judy Laroche.

Unos días más tarde, Judy recibe una respuesta de Fabienne.

"Antananarivo, 22 de enero de 2002.

Hola Judy

*Recibí tu carta. **Estoy muy feliz de conocerte**. Y estoy feliz de ser tu amiga por correspondencia. Te deseo un feliz año nuevo. Permíteme presentarme, mi nombre es Fabienne y tengo diecinueve años. **Soy una estudiante de primer año en la Facultad de Artes. Estudio ingles en la universidad. La próxima vez**, escribiré una carta más larga. **Tengo que ir a la clase.***

Quedo a la espera de tu respuesta.

Fabienne, tu nueva amiga."

"Marsella el 1 de febrero de 2002

Hola Fabienne

***Tu carta me hace sonreír**. Te lo agradezco. **Pareces una gran chica**. Déjame presentarme. Como sabes, mi nombre es Judy. Estoy en primera clase en la escuela secundaria y vivo con mis padres. Tengo un hermano mayor. Su nombre es Denis y estamos muy cerca. Denis se graduó de la escuela secundaria el año pasado. No sé qué **campo de estudio** elegirá. Por el* momento, él está tomando **clases de cocina**. *Él es talentoso. **Denis es un buen cocinero**. Nos gusta cocinar platos juntos. Es mi hermano quien prepara la comida en casa. Y yo le ayudo. Y tú, ¿tienes hermanos o hermanas? ¿Estás cerca de ellos?*

Tengas un buen día,

Judy ".

Antananarivo, 11 de febrero de 2002.

Hola Judy

*Sí, tengo un hermanito. Su nombre es Nathan. Tiene ocho años y está en la escuela primaria. Le encanta el fútbol. **Él es un poco indisciplinado**. No paso mucho tiempo con Nathan. **Como ves, nos separan once años. Pero me gusta él. Yo lo cuido** cuando mis padres están lejos. Tú le quieres mucho a tu hermano. Hablas mucho de él. Me gusta tu relación con tu hermano. Además, le gusta cocinar para su familia. Y tú, ¿cuál es tu pasión? Cuéntame un poco más sobre ti.*

Fabienne ".

"Marsella, 16 de febrero de 2002

Hola Fabienne

*¿Mi pasión? No sé... **Por ahora**, mi **objetivo** es **terminar el colegio**. Sabes, tuve que repetir un año de la escuela secundaria y otro del colegio. No descuido mis estudios. **Solo tengo que** trabajar duro para tener éxito en mis estudios.*

*Bueno, nos vamos a escribir pronto. Son las dieciocho en casa. **Me voy a la cama. No me siento bien. Tengo gripe. Mi madre me lleva al médico mañana. Afortunadamente**, es viernes. **Puedo descansar**.*

Judy ".

"Antananarivo, 25 de febrero de 2002.

Hola Judy,

Espero que pronto te sientas mejor. *Es el 25 de febrero. Espero que desde tu última carta, te encuentraes bien ahora.* **Deséame suerte**. *Estoy preparando exámenes ahora mismo.*

Hasta pronto,

Fabienne ".

París, 1 de marzo de 2002.

Hola Fabienne

Sí, estoy bien ahora. Son las vacaciones. Te escribo desde la ciudad de París. Visito a mi prima Melanie. Ella vive en París. **Está alquilando un piso**. *Ella es una estudiante de inglés, como tú. Regreso a Marsella el 7 de marzo. Todavía tengo muchas tareas escolares para terminar el año escolar. Buena suerte para tus exámenes!*

Judy ".

"Marsella, 15 de abril de 2002

Hola Fabienne

Ha pasado un poco de tiempo desde que me escribiste la última vez. Espero que estés bien. Te envío esta carta para **preguntarte qué tal**.

Judy ".

Antananarivo, 23 de abril de 2002.

Hola Judy

Lo siento por este silencio prolongado. En los últimos tiempos, **no estoy de humor para escribir.** *Un evento desafortunado ocurrió. El hermano mayor de mi padre* **se ha muerto**. *El era mi tío favorito. Estaba muy ocupada con el* **funeral**. *Al mismo tiempo, también hice exámenes. En cualquier caso, te agradezco tu carta.* **Gracias por preocuparte por mí. Esto me** *calienta el corazón.* *Eres realmente una amiga. Espero que estés bien.*

Abrazos,

Fabienne ".

"Marsella, 27 de abril de 2002

Querida Fabienne,

*Te envío mis sinceras condolencias a ti y a tu familia. **Tengo un examen de matemáticas mañana.** Estoy repasando. Denis está ausente. **Le extraño**. La casa está un poco vacía. ¿Has aprobado tus exámenes?*

¡Hasta pronto!

Judy ".

"Antananarivo, 1 de mayo de 2002

Querida Judy,

*Hoy es el **Día del Trabajo**. Aprovecho estas **vacaciones** para escribirte. He aprobado mis exámenes. Tengo mi diploma. Mis padres están muy felices. ¿Cuándo es tu cumpleaños? Mi cumpleaños es el 6 de septiembre. **Adjunto una foto de mí a esta carta**.*

Hasta pronto,

Fabienne ".

"Marsella, 7 de mayo de 2002

Hola fabienne

*Eres **muy guapa** en la foto. Me gusta tu **vestido** y tu **blusa**. Perdóneme. No te envié mi foto. Soy un poco **tímida.** Y no soy fotogénica. Te envío la foto de mi perro. Esta es la primera vez que te cuento sobre él. Es un **perrito faldero**. Su nombre es Cotton. Él es muy **dulce**. ¿Nacistes el 6 de septiembre? Anoto esta fecha en mi **agenda**. Voy a comprarte* *un regalo de cumpleaños. ¿Cuál es tu color favorito? Mi color favorito es morado. Mi cumpleaños es el 17 de noviembre.*

Abrazos,

Judy ".

Antananarivo, 12 de mayo de 2002.

Hola Judy

No importa** si no envías tu foto. Cotton es un perro **adorable**. Pero soy alérgica al **pelo** de perro y **de gato**. Mi color favorito es el azul. Voy a cuidar a mi hermanito. **Se ha hecho daño.

¡Te veo pronto!

Fabienne ".

"Marsella, 17 de mayo de 2002

Buenas tardes Fabienne

*Dile a tu hermanito que **tenga cuidado**. **Espero que esté bien**. ¿Tienes una dirección de correo electrónico, Fabienne? Es más conveniente comunicar por correo electrónico. Es **más rápido**. Perdemos menos tiempo. Aquí está mi dirección de correo electrónico: judy.dubois2002@monmail.com*

¡Hasta pronto!

Judy ".

Antananarivo, 25 de mayo de 2002.

Buenas tardes Judy

*Acabo de crear una dirección de correo electrónico. **Tienes razón**. Los correos electrónicos son más prácticos. **Por cierto**, acabo de enviarte un correo electrónico. Mi dirección de correo electrónico está en este correo electrónico.*

¡Hasta pronto! Fabienne ".

Histoire 9: Une passion pour l'écriture

Cyril Deguimond est un **auteur renommé. Il a à son actif quatorze romans publiés. L'auteur est connu internationalement.** Cyril écrit principalement des **romans fantastiques**, des **romans policiers** et des thrillers. Il est un **écrivain célèbre. Il vend beaucoup de livres partout dans le monde.** Cyril vient de sortir son quatorzième roman.

Une rédactrice de presse écrite le contacte par téléphone. Carine souhaite l'interviewer. Elle lui demande de lui **accorder une interview.** Cyril lui donne rendez-vous chez lui le vendredi après-midi.

Vendredi matin, Carine prépare l'interview. Elle prend **un stylo à bille** et un **bloc-notes. Elle surfe sur Internet** pour lire des informations sur Cyril Deguimond. Elle écrit les questions à poser à Cyril. Le **téléphone portable** de Carine sonne. **Elle décroche le téléphone** :

- Allô !
- Allô Carine, c'est Christine.
- Salut Christine ! **Quoi de neuf ?**
- **Nous partons en week-end. Prépare tes valises. Nous partons pour trois jours. Je passe te prendre dans deux heures.**
- **Je suis désolée. Je ne peux pas partir.**
- Mais pourquoi ? **Tu ne travailles pas le vendredi.**
- **J'ai un rendez-vous important** aujourd'hui.
- Un **rendez-vous galant** ?
- Non, Christine. Je vais interviewer Cyril Deguimond.
- **L'écrivain** Cyril Deguimond ? **Tu es une sacrée veinarde.** Deguimond est mon auteur préféré. **Je lis tous ses livres.** Je vais acheter son nouveau roman aujourd'hui.
- **Je vais lui demander un autographe.** Pour toi.
- Merci !

-   Je travaille aujourd'hui. Mais partons demain matin.
-   D'accord, **je te dis à demain alors.**
-   **Passe une bonne journée**, Christine.
-   Bonne journée à toi aussi, Carine !

Carine raccroche le téléphone. Elle continue son travail. À treize heures trente, Carine se prépare pour partir. Elle met son stylo, son bloc-notes, son **mouchoir**, ses **clés de voiture**, ses **lunettes de soleil** et son téléphone portable dans son sac.

À quatorze heures quinze, Carine arrive devant le **portail** de la maison de Cyril. **Elle appuie** sur la sonnette. Un **agent de sécurité** l'accueille. Il lui demande son **identité**. Carine se présente et montre son badge. L'agent de sécurité l'invite à entrer **dans l'enceinte de la propriété**. Il accompagne la jeune femme dans le salon. **Il l'invite à s'asseoir** sur une chaise. Puis, l'agent de sécurité sort.

Dix minutes plus tard, Cyril Deguimond arrive dans le salon. **Carine se lève** pour le saluer. Cyril est un grand homme. Il a une **barbe** et il est **charmant**. **Il porte des lunettes**.

-   Bonjour, monsieur Deguimond. Je me présente : je m'appelle Carine Dubois. Je travaille pour le magazine « Fleuris ». Je suis rédactrice de presse. Et **je suis ravie de vous rencontrer.**
-   Bonjour, mademoiselle Dubois. **Je suis enchanté de vous connaître.**
-   **Vous pouvez m'appeler Carine.**
-   **D'accord**, Carine. **Il fait trop chaud ici. Allons dans le jardin.**

Il y a une table, des chaises et un parasol dans le jardin. Carine et Cyril s'assoient.

-   Monsieur Cyril Deguimond, **merci de m'accueillir dans votre maison.** Vous avez une très belle villa.

- Merci, Carine. Commençons l'interview. **J'ai une journée assez chargée.**
- D'accord. J'enregistre notre conversation sur mon smartphone.
- **Évitez** les questions trop intimes, s'il vous plaît. **Je n'aime pas tellement parler de ma vie privée.**
- D'accord, je comprends. Alors, Cyril Deguimond, **parlez-nous de votre dernier roman.**
- C'est l'histoire d'un extraterrestre. Il a l'apparence d'un **être humain. L'être vivant ressemble à une vieille femme.** Il a des **super pouvoirs.** Il arrive sur notre planète. Puis, il est **le témoin d'un meurtre. Un policier enquête avec lui sur le meurtre.**
- C'est fascinant. Quel est le titre du livre ?
- « Illusions ».
- **En combien de temps** écrivez-vous un roman ?
- Cela varie **entre** quatre et vingt-quatre mois.
- **Vous avez un corps d'athlète**, Cyril Deguimond. **Faites-vous du sport ?**
- **En effet**, oui.
- **Quel sport pratiquez-vous ?**
- Je fais du jogging.
- **Aimez-vous lire ?**
- **Oui, bien sûr.**
- **Qu'aimez-vous lire**, Cyril Deguimond ?
- **Un peu de tout. Cela m'aide** à avoir de l'inspiration.
- À part la lecture, le sport et l'écriture, quels sont vos loisirs ?
- **J'aime passer du temps avec ma famille. J'aime aller à la pêche avec mon frère et ma nièce.**
- Qui sont vos auteurs préférés ?
- Mes auteurs préférés sont Stephen King et Agatha Christie.
- Écrivez-vous un nouveau roman en ce moment ?
- **Pas encore. Je vais prendre des vacances.**

- Vos **lecteurs** ont des questions pour vous. Je vous pose les questions les plus intéressantes.
- D'accord. Je vous écoute.
- **Avez-vous le syndrome de la page blanche ?**
- **Cela m'arrive parfois.**
- **Que faites-vous quand cela vous arrive ?**
- **Je prends une pause.** Je me promène. Je mange une **glace** avec ma nièce. Je bavarde avec ma nièce. Je vais à la **campagne**… **Je me détends.**
- Pensez-vous écrire de la romance ?
- Non.
- Merci pour cette interview, Cyril Deguimond.
- C'est un plaisir. **Merci d'être venue**. Je vous offre un exemplaire de mon dernier roman.
- Oh ! Merci beaucoup, monsieur !

Cyril sourit.

- Cyril Deguimond, **pouvez-vous dédicacer le livre pour Christine**, s'il vous plaît ?
- Oui, bien sûr. Qui est Christine ?
- Christine Dubois est ma grande sœur. Elle adore vos romans.

Cyril écrit sur la première page du livre. Carine le remercie et rentre chez elle.

Le lendemain, Carine offre le livre à sa sœur. Christine est **folle de joie**. Elles prennent la voiture et partent en week-end.

Vocabularios

Ecriture	Escritura
Renommé	De renombre
Il a quatorze romans publiés à son actif	Es autor de catorce novelas publicadas
L'auteur est connu internationalement	Él es bien conocido en todo el mundo
Roman(s) fantastique(s)	Novelas de fantasía
Romans policiers	Historias de detectives
Ecrivain célèbre	Autor famoso
Il vend beaucoup de livres	Vende muchos libros
Exemplaires	Copias
Partout dans le monde	En todo el mundo
Une rédactrice	Una editora
Accorder une entrevue	Dé una entrevista
Bloc notes	Libreta
Elle surfe sur Internet	Va en línea
Stylo à bille	Bolígrafo
Téléphone portable	Móvil
Elle décroche le téléphone	Ella contesta el teléfono
Quoi de neuf ?	Qué tal
Nous partons en week end	Vámonos este fin de semana
Prépare tes valises	Prepara tu maleta
Nous partons pour trois jours	Es un viaje de tres días
Je passe te prendre dans deux heures	Te recogeré en dos horas
Je suis désolé(e)	Lo siento
Je ne peux pas partir	No puedo ir
Tu ne travailles pas le vendredi	No trabajas los viernes
J'ai un rendez vous important	Tengo una cita importante
Un rendez vous galant	Una cita romántica
Ecrivain	Escritor

Tu es une sacrée veinarde	Eres una mujer muy afortunada
Je lis tous ses livres	Leí todos sus libros
Je vais lui demander un autographe	Le voy a pedir un autógrafo
Je te dis à demain alors	Hasta mañana entonces
Passe une bonne journée	Que tengas un buen día
Carine raccroche le téléphone	Carine cuelga el teléfono
Mouchoir	Pañuelo
Clés de voiture	Llaves de su coche
Lunettes de soleil	Gafas de sol
Portail	Puerta
Appuyer (elle appuie…)	Tocar (ella toca…)
Agent de sécurité	Guardia de seguridad
Dans l'enceinte de la propriété	Dentro de la propiedad
Il l'invite à s'asseoir	Él la invita a sentarse
Carine se lève	Carine se levanta
Barbe	Barba
Charmant	Encantador
Il porte des lunettes	Él lleva gafas
Je suis ravie de vous rencontrer	Encantada
Je suis enchanté de vous connaître	Estoy muy contento de conocerle
Vous pouvez m'appeler Carine	Puede llamarme Carine
D'accord	Vale
Il fait trop chaud ici	Hace demasiado calor aquí
Allons dans le jardin	Vamos al jardín
Merci de m'accueillir dans votre maison	Gracias por darme la bienvenida a su casa
J'ai une journée assez chargée	Tengo un día ocupado
Eviter	Evita

Je n'aime pas tellement parler de ma vie privée

No me gusta hablar de mi vida privada

Parlez nous de votre dernier roman

Cuéntenos de su última novela

être humain

Ser humano

 L'être vivant ressemble à une vieille femme

El ser vivo se parece a una mujer anciana

Super pouvoirs

Superpoderes

Il est le témoin d'un meurtre

Testigo de un asesinato

Un policier enquête avec lui sur le meurtre

Un oficial de policía investiga con él sobre el asesinato

Combien de temps…

Cuánto tiempo

Entre

Entre

Vous avez un corps d'athlète

Tiene un cuerpo de atleta

Faites vous du sport ?

¿Practica algún deporte?

En effet

Pues

Quel sport pratiquez vous ?

¿Qué deporte practica?

Aimez vous lire ?

¿Le gusta leer?

Oui, bien sûr

Sí, por supuesto

Qu'aimez vous lire ?

¿Qué te gusta leer?

A bit of everything

Un poco de todo

Cela m'aide

Me ayuda

J'aime passer du temps avec ma famille

Me gusta pasar tiempo con mi familia

J'aime aller à la pêche avec mon frère et ma nièce

Me encanta ir a pescar con mi hermano y mi sobrina

Pas encore

Aún no

Je vais prendre des vacances

Voy a tomarme unas vacaciones

Lecteurs

Lectores

Avez vous le syndrome de la page blanche ?

¿Tiene un bloque de escritor?

Cela m'arrive parfois

Me pasa a veces

Que faites vous quand cela arrive ?	¿Qué hace cuando le ocurre?
Je prends une pause	Me tomo un descanso
Glace	Helado
Campagne	Campo
Je me détends	Me relajo
Merci d'être venu(e)	Gracias por venir
Pouvez vous dédicacer le livre pour Christine ?	¿Puede firmar el libro para Christine?
Folle de joie/fou de joie	Eufórica

Historia 9: Una pasión por la escritura

Cyril Deguimond es un autor **de renombre. Es autor de catorce novelas publicadas. Él es bien conocido en todo el mundo**. Cyril escribe principalmente **novelas de fantasía, historias de detectives** y thrillers. Cyril es un **autor famoso. Vende muchos libros en todo el mundo**. Cyril acaba de lanzar su decimocuarta novela.

Un **editora** de prensa lo contacta por teléfono. Carine quiere entrevistarlo. Ella le pide que le **dé una entrevista**. Cyril le da una cita en su casa el viernes por la tarde.

El viernes por la mañana, Carine prepara la entrevista. Ella toma un bolígrafo y una **libreta. Va en línea** para leer algo sobre Cyril Deguimond. Ella escribe las preguntas a Cyril. Alguien llama al **móvil** de Carine. **Ella contesta el teléfono:**

- ¡Hola!
- Hola Carine, soy Christine.
- ¡Hola Christine! **¿Qué tal?**
- **Vámonos este fin de semana. Prepara tu maleta. Es un viaje de tres días. Te recogeré en   dos horas.**
- **Lo siento. No puedo ir**
- ¿Pero por qué? **No trabajas los viernes.**
- **Tengo una cita importante** hoy.
- ¿Una **cita romántica**?
- No, Christine. Voy a entrevistar a Cyril Deguimond.
- ¿El **escritor** Cyril Deguimond? **Eres una mujer muy afortunada.** Deguimond es mi autor favorito. **Leí todos sus libros.** Hoy voy a comprar su nueva novela.
- **Le voy a pedir un autógrafo** para ti.
- ¡Gracias!
- Hoy trabajo. Pero vámonos mañana por la mañana.
- Está bien, **hasta mañana entonces.**
- **Que tengas un buen día**, Christine.
- ¡Igualmente, Carine!

Carine cuelga el teléfono. Ella sigue con su trabajo. A las trece y media, Carine se prepara para irse. Ella pone su bolígrafo, su cuaderno, su **pañuelo**, las **llaves de su coche**, sus **gafas de sol** y su teléfono móvil en su bolso.

A las catorce y quince, Carine llega a la **puerta** de la casa de Cyril. **Ella toca el timbre. Un guardia de seguridad** la saluda. Él le pregunta por su **identidad**. Carine se presenta y muestra su placa. El guardia de seguridad la invita a entrar **dentro de la propiedad**. Acompaña a la joven en la sala de estar. **Él la invita a sentarse** en una silla. Luego sale el guardia de seguridad.

Diez minutos después, Cyril Deguimond llega a la habitación. **Carine se levanta** para saludarlo. Cyril es un gran hombre. Tiene **barba** y es **encantador. Él lleva gafas.**
- Hola, señor Deguimond. Permítame presentarme: mi nombre es Carine Dubois. Trabajo para la revista *Flowery*. Soy una editora de prensa. **Encantada.**
- Hola, señorita Dubois. **Estoy muy contento de conocerle**.
- **Puede llamarme Carine.**
- **Vale**, Carine. **Hace demasiado calor aquí. Vamos al jardín**.

Hay una mesa con sillas y sombrilla en el jardín. Carine y Cyril se sientan.

- Sr. Cyril Deguimond, **gracias por darme la bienvenida a su casa**. Tiene una villa muy bonita.
- Gracias, Carine. Vamos a empezar la entrevista. **Tengo un día ocupado**.
- Bueno. Grabo nuestra conversación con mi teléfono inteligente.
- **Evita** las preguntas demasiado íntimas, por favor. Realmente **no me gusta hablar de mi vida privada**.
- Vale, lo entiendo. Entonces, Cyril Deguimond, **cuéntenos de su última novela.**
- Esta es la historia de un extraterrestre. Tiene la apariencia de **un ser humano. El ser vivo se parece a una mujer anciana**. Él tiene **superpoderes**. Llega a nuestro planeta. Entonces él es el **testigo de un asesinato. Un oficial de policía investiga con él sobre el asesinato.**
- Es fascinante. ¿Cuál es el título del libro?

- "Ilusiones".
- ¿**Cuánto tiempo** tarda escribiendo una novela?
- **Entre** cuatro y veinticuatro meses.
- **Tiene un cuerpo de atleta,** Cyril Deguimond. **¿Practica algún deporte?**
- **Pues**, sí.
- **¿Qué deporte practica?**
- Estoy haciendo algo de jogging.
- **¿Le gusta leer?**
- **Sí, por supuesto.**
- **¿Qué te gusta leer,** Cyril Deguimond?
- **Un poco de todo. Me ayuda** a tener inspiración.
- Aparte de leer, practicar deportes y escribir, ¿cuáles son sus pasatiempos?
- **Me gusta pasar tiempo con mi familia. Me encanta ir a pescar con mi hermano y mi sobrina.**
- ¿Quiénes son sus autores favoritos?
- Mis autores favoritos son Stephen King y Agatha Christie.
- ¿Está escribiendo otra novela en este momento?
- **Aún no. Voy a tomarme unas vacaciones**.
- Sus **lectores** tienen preguntas para usted. Le voy a hacer las preguntas más interesantes.
- Bueno. Vamos a escuchar.
- **¿Tiene un bloque de escritor?**
- **Me pasa a veces**.
- **¿Qué hace cuando le ocurre?**
- **Me tomo un descanso**. Camino. Como **helado** con mi sobrina. Hablo con ella. Voy al **campo... me relajo.**
- ¿Piensa en escribir romance?
- No.
- Gracias por esta entrevista, Cyril Deguimond.
- Es un placer. **Gracias por venir**. Te ofrezco una copia de mi última novela.

- ¡Oh! ¡Muchas gracias señor!

Cyril sonrió.

- Cyril Deguimond, **¿puede firmar el libro para Christine**, por
favor?

- Sí, por supuesto. ¿Quién es Christine?

- Christine Dubois es mi hermana mayor. A ella le encantan sus
novelas

Cyril escribe en la primera página del libro. Carine le da las gracias y
se va a casa.

El día siguiente, Carine le regala el libro a su hermana. Christine está
eufórica. Cogen el coche y se van por el fin de semana.

Histoire 10: Une soirée entre amis

John : Allô !

Martin : Allô, John ! Comment vas-tu ?

John : Je vais bien, merci. Et toi, comment vas-tu ?

Martin : Je vais bien.

John : **Que fais-tu ce soir ?**

Martin : **Je reste chez moi**, pourquoi ?

John : Je vous invite au restaurant ce soir, toi, Augustin et Carla.

Martin : D'accord. **Qu'est-ce qui se passe ?**

John : **J'ai une grande nouvelle à vous annoncer**.

Martin : Quelle est la nouvelle ?

John : Sois patient, je l'annonce ce soir.

Martin : D'accord !

John : Au restaurant « Feed », ce soir à vingt heures.

Martin : Ok ! À ce soir !

John : Allô ! Salut, Carla !

Carla : Salut, John !

John : **Où es-tu ?**

Carla : Au travail.

John : **À quelle heure finis-tu le travail ?**

Carla : Vers dix-huit heures. Pourquoi ?

John : **Veux-tu sortir ce soir ?**

Carla : Non, merci. Je suis fatiguée. Je rentre et je dors ce soir.

John : Non, tu ne vas pas dormir. Nous allons au restaurant ce soir.

Carla : Toi et moi ?

John : Non, nous sommes quatre, avec Augustin et Martin.

Carla : **Mais je n'ai pas trop d'argent** en ce moment.

John : **Ne t'inquiète pas. C'est moi qui t'invite.**

Carla : Je te remercie. **Mais cela me gêne un peu.**

John : S'il te plaît, Carla. **J'ai quelque chose d'important à vous dire**. À toi et les autres.

Carla : **Est-ce une bonne nouvelle ?**

John : Oui, c'est une très bonne nouvelle.

Carla : Tu m'intrigues. D'accord, je viens au restaurant avec vous ce soir.

John : Merci, Carla ! À ce soir, alors ! Au restaurant « Feed » à vingt heures. **Ne sois pas en retard**.

John : Allô, Augustin !
Augustin : Bonjour, John !
John : **Es-tu libre ce soir ?**
Augustin : Oui, c'est vendredi. J'aimerais bien sortir ce soir pour me détendre.
John : D'accord. Je passe te prendre à dix-neuf heures quinze. **Carla et Martin nous attendent** au restaurant à vingt heures.

Carla rentre à dix-huit heures cinq. Elle prend une douche et met une **robe longue** bleue. Elle arrive au restaurant à dix-neuf heures cinquante. John, Augustin et Martin arrivent cinq minutes plus tard. John se dirige vers l'accueil.

John : Bonsoir, madame !
Suzie : Bonsoir, monsieur, **que puis-je faire pour vous ?**
John : **Peut-on avoir une table pour dîner, s'il vous plaît ?**
Suzie : Oui, bien sûr. **Avez-vous réservé ?**
John : Non, nous n'avons pas réservé.
Suzie : **Votre table sera prête d'ici quelques minutes**.
John : Merci, madame.
Carla : **Pourrions-nous avoir une table près de la fenêtre**, s'il vous plaît ?
Suzie : Bien sûr !

Sept minutes plus tard, un serveur appelle les **quatre jeunes gens**.

Jimmy : Votre table est prête. **Si vous voulez bien me suivre**.

John, Carla, Martin et Augustin s'installent à leur table.

Jimmy : Bonsoir, mademoiselle, messieurs. Je m'appelle Jimmy. Je suis votre serveur pour ce soir.

Jimmy donne la **carte des menus** aux jeunes gens.
Jimmy : **Voulez-vous un apéritif ?**

John : Oui, nous voudrions une bouteille de votre meilleur champagne, s'il vous plaît.

Jimmy apporte une bouteille de champagne.

Martin : Alors, John. Quelle est cette grande nouvelle que tu vas nous annoncer ?
John : **Amusons-nous un peu. Je vous laisse deviner.**
Carla : Tu vas te marier.
John : Non.
Carla : **Tu vas avoir un enfant.**
John : Non.
Martin : Tu vas travailler à l'étranger.
John : Non.
Augustin : **Tu as eu une augmentation de salaire.**
John : Non.
Carla : Tu vas devenir **prêtre.**
John : Non.
Martin : Tu changes de carrière !
Carla : Et tu vas devenir une rock star !
John : Non et non. Carla, **tu es drôle.** Et tu as beaucoup d'imagination.
Augustin : Tu as hérité d'une **grosse fortune !**
John : Non, mais c'est presque ça, Augustin ! **Bon, je vais vous le dire. J'ai gagné au loto !**
Augustin, Martin et Carla : Vraiment ?
John : Oui, **je ne blague pas.** J'ai vraiment gagné au loto !
Martin : **Combien as-tu gagné ?**
John : **Je garde cette information pour moi.** Mais vous allez tous profiter de cet argent !
Carla : Pourquoi et comment ?
John : Parce que vous êtes mes meilleurs amis. **Vous êtes toujours là pour me soutenir** dans les **bons et mauvais moments.** Nous allons partir en vacances ensemble pour deux semaines. **Je prends en charge toutes les dépenses.**
Martin : Tu es sérieux, John ?
John : Oui !
Augustin : Mais tu sais, **tu n'es pas obligé de faire cela.**

John : **Mais j'en ai envie. Ne soyez pas gênés.** J'aimerais vous remercier pour votre amitié sincère. **Prenez cela comme un cadeau de remerciement.**
Carla : Merci à toi de nous offrir ce voyage ! Je suis partante !
Augustin : Moi aussi.
John : Et toi, Martin ?
Martin : **D'accord, je suis partant !**
John : Merci, mes chers amis !

Jimmy s'approche de leur table.
Jimmy : **Est-ce que vous avez choisi ?**
Carla : **Je voudrais une soupe de poulet,** s'il vous plaît.
Jimmy : Et vous, messieurs ?
Martin : Je prendrai le même.
Augustin : Je voudrais une salade de pâtes, s'il vous plaît.
Jimmy : Et vous, monsieur ?
John : **Quel sont les plats du jour ?**
Jimmy : Risotto ou gratin au fromage.
John : Je voudrais un gratin au fromage, s'il vous plaît.
Jimmy : Bien, monsieur. Voulez-vous autre chose ?
Carla : Oui, je prendrai une banane flambée pour le dessert, s'il vous plaît.
Jimmy : Et vous, messieurs, prendrez-vous un dessert ?
John : Non, merci.
Augustin : Non, je ne prendrai pas de dessert.
Martin : Moi non plus.

Jimmy s'éloigne. Quinze minutes plus tard, il revient avec les **plats commandés.**
Jimmy : Bon appétit ! Si vous voulez commander d'autres plats, n'hésitez pas à m'appeler.

Les quatre jeunes gens remercient le serveur et commencent à manger. Au cours du dîner, **Augustin prend la parole**.

Augustin : **Levons nos verres à l'amitié !**

Plus tard, Jimmy apporte le dessert de Carla. Puis, les quatre amis discutent pendant une heure de leurs prochaines vacances. John demande l'**addition**. Il règle l'addition. Ensuite, il quitte le restaurant avec ses amis. John laisse un **pourboire** généreux au serveur.

Augustin : **Alors, où allons-nous maintenant ?**
Carla : **Je suis à bout de forces**. Je vais rentrer chez moi. Bonne soirée, les garçons !
John : Merci ! Bonne nuit, Carla !
Martin : Moi aussi, je vais rentrer chez moi. Je travaille demain. Au revoir !
John et Augustin : Bonne nuit, Martin !
Augustin : **Maintenant, il ne reste plus que nous deux**, John. Quel est le programme ce soir ?
John : J'ai le DVD d'un film sorti récemment. Nous pouvons rentrer chez moi et regarder le film ensemble.
Augustin : D'accord !

Vocabularios

Que fais tu ce soir ?	¿Qué vas a hacer esta noche?
Je reste chez moi	Me quedo en casa
Qu'est ce qui se passe ?	¿Qué pasa?
J'ai une grande nouvelle à vous annoncer	Tengo un anuncio muy especial que hacer
A ce soir	¡Hasta pronto!
Où es tu ?	¿Dónde estás?
A quelle heure finis tu ton travail ?	¿A qué hora sales del trabajo?
Veux tu sortir ce soir ?	¿Quieres salir esta noche?
Mais je n'ai pas trop d'argent	No tengo demasiado dinero
Ne t'inquiète pas	No te preocupes
C'est moi qui t'invite	Te invito yo
Mais cela me gêne un peu	Pero me haces sentir un poco incómoda
J'ai quelque chose d'important à vous dire	Tengo algo importante que decirte
Est ce une bonne nouvelle ?	¿Son buenas noticias?
Ne soit pas en retard	No llegues tarde
Es tu libre ce soir ?	¿Estás libre esta noche?
Attendre (Carla et Martin nous attendent)	Esperar (Carla y Martin nos estarán esperando)
Robe longue	Largo vestido
Que puis je faire pour vous ?	¿Qué puedo hacer para usted?
Peut on avoir une table pour dîner ?	¿Querríamos una mesa para cenar, por favor?
Avez vous réservé ?	¿Tienen una reserva?
Votre table sera prête d'ici quelques minutes	Su mesa estará lista en unos minutos
Pourrions nous avoir une table près de la fenêtre ?	¿Podríamos tener una mesa cerca de la ventana?
Quatre jeunes gens	Cuatro jóvenes

Si vous voulez bien me suivre	¿Quieren seguirme, por favor?
Carte des menus	Los menus
Voulez vous un apéritif ?	¿Quieren algo para beber primero?
Amusons nous un peu	Vamos a divertirnos un poco
Je vous laisse deviner	Os dejaré adivinar
Tu vas avoir un enfant	Vas a tener un bebé
Tu as eu une augmentation de salaire	Tienes un aumento
Prêtre	Sacerdote
Tu es drôle	Eres graciosa
Grosse fortune	Gran fortuna
C'est presque ça	Casi
Bon, je vais vous le dire	Vale, os lo diré
J'ai gagné au loto !	¡Gané la lotería!
Je ne blague pas	No estoy bromeando
Combien as tu gagné ?	¿Cuánto ganaste?
Je garde cette information pour moi	Guardo esa información para mí
Vous êtes toujours là pour me soutenir	Siempre estáis ahí para apoyarme
Bons et mauvais moments	Buenos y malos tiempos
Je prends en charge toutes les dépenses	Yo pago todos los gastos
Tu n'es pas obligé de faire cela	No tienes por qué que hacer eso
Mais j'en ai envie	Pero yo quiero
Ne soyez pas gênés	No te sientas incómodo
Prenez cela comme un cadeau de remerciement	Vamos a llamarlo un regalo de agradecimiento
D'accord, je suis partant !	Muy bien, ¡estoy dentro!
Est ce que vous avez choisi ?	¿Hicieron su elección?
Je voudrais une soupe de poulet	Me gustaría un poco de sopa de pollo

Quel sont les plats du jour ?	¿Cuáles son las especialidades de hoy?
Plat(s) commandé(s)	Platos ordenados
Augustin prend la parole	Agustín habla
Levons nos verres à l'amitié !	¡Vamos a brindar por nuestra amistad!
Addition	Cuenta
Pourboire	Propina
Alors, où allons nous maintenant ?	¿A dónde vamos ahora?
Je suis à bout de forces	Yo estoy muy cansada
Maintenant, il ne reste plus que nous deux	Ahora estamos solos

Historia 10: Una tarde con amigos

John: Hola

Martin: ¡Hola John! ¿Cómo estás?

John: Estoy bien, gracias. ¿Y tú cómo estás?

Martin: Estoy bien.

John: **¿Qué vas a hacer esta noche?**

Martin: **Me quedo en casa**, ¿por qué?

John: Te invito al restaurante, a ti, a Augustin y a Carla.

Martin: Vale, pero **¿qué pasa?**

John: **Tengo un anuncio muy especial que hacer.**

Martin: ¿Cuál es la noticia?

John: Ten paciencia, os lo voy a contar esta noche.

Martin: Vale.

John: En el restaurante "Feed" esta noche, a las ocho en punto.

Martin: Vale, ¡Hasta pronto!

John: ¡Hola Carla!

Carla: ¡Hola Juan!

John: **¿Dónde estás?**

Carla: Estoy trabajando.

John: **¿A qué hora sales del trabajo?**

Carla: Alrededor de las seis. ¿Por qué?

John: **¿Quieres salir esta noche?**

Carla: No, gracias. Estoy cansada. Voy a casa y duermo esta noche.

John: No, no te vayas a dormir. Vamos a ir al restaurante esta noche.

Carla: ¿Tú y yo?

John: No, somos cuatro, con Augustin y Martin.

Carla: **Pero ahora no tengo demasiado dinero.**

John: **No te preocupes. Te invito yo**.

Carla: Gracias. **Pero me haces sentir un poco incómoda.**

John: Por favor, Carla. **Tengo algo importante que decirte**. A ti y a los demás.

Carla: **¿Son buenas noticias?**

John: Sí, son muy buenas noticias.

Carla: Ahora estoy curiosa. Vale, entonces. Nos vemos al restaurante esta noche.

John: Gracias, Carla. ¡Nos vemos esta noche entonces! En el restaurante "Feed", a las veinte en punto. **No llegues tarde.**

Juan: ¡Hola Agustin!
Agustin: ¡Hola Juan!
John: **¿Estás libre esta noche?**
Agustin: Sí, es viernes. Me gustaría salir esta noche para relajarme.
John: Vale. Te recogeré a las diecinueve y quince. **Carla y Martin nos estarán esperando** en el restaurante a las ocho en punto.

Carla regresa a las seis y diez minutos. Se ducha y se pone un **largo vestido** azul. Llega al restaurante a las ocho menos diez. John, Augustin y Martin llegan cinco minutos después. John va a la recepción.

John: ¡Buenas noches, señora!
Suzie: Buenas noches señor, **¿qué puedo hacer para usted?**
John: **¿Querríamos una mesa para cenar, por favor?**
Suzie: Sí, por supuesto. **¿Tienen una reserva?**
John: No, no hemos reservado.
Suzie: **Su mesa estará lista en unos minutos.**
John: Gracias, señora.
Carla: **¿Podríamos tener una mesa cerca de la ventana**, por favor?
Suzie: ¡Por supuesto!

Siete minutos después, un camarero llama a los **cuatro jóvenes.**

Jimmy: Su mesa está lista. **¿Quieren seguirme, por favor?**

John, Carla, Martin y Augustin se sientan en su mesa.

Jimmy: Buenas tardes señora y caballeros. Mi nombre es Jimmy. Soy su servidor para esta noche.

Jimmy le da **los menús** a los jóvenes.
Jimmy: **¿Quieren algo para beber primero?**
John: Sí, nos gustaría una botella de su mejor champán, por favor.

Jimmy le trae una botella de champán.

Martin: Entonces, John. ¿Cuál es esta gran noticia que nos vas a anunciar?

John: **Vamos a divertirnos un poco. Os dejaré adivinar**.

Carla: Te vas a casar.

John: No.

Carla: **Vas a tener un bebé.**

John: No.

Martin: Vas a trabajar al extranjero.

John: No.

Agustín**: Tienes un aumento.**

John: No.

Carla: Te convertirás en un **sacerdote**.

John: No.

Martin: ¡Cambias de carrera!

Carla: ¡Y te convertirás en una estrella de rock!

John: No y no. Carla, **eres graciosa.** Y tienes mucha imaginación.

Agustín: ¡Heredaste una **gran fortuna**!

John: No, pero casi, Augustine! **Vale, os lo diré. ¡Gané la lotería**!

Augustin, Martin y Carla: ¿En serio?

John: Sí, **no estoy bromeando**. ¡Realmente gané la lotería!

Martin**: ¿Cuánto ganaste?**

John: **Guardo esa información para mí**. ¡Pero vosotros disfrutaréis de este dinero!

Carla: ¿Por qué y cómo?

John: Porque sois mis mejores amigos. **Siempre estáis ahí para apoyarme en los buenos y malos tiempos.** Nos vamos de vacaciones juntos por dos semanas. **Yo pago todos los gastos.**

Martin: ¿Hablas en serio, John?

John: Sí.

Augustin: Pero sabes, **no tienes por qué que hacer eso.**

John: **Pero yo quiero. No te sientas incómodo.** Me gustaría agradeceros por vuestra sincera amistad. **Vamos a llamarlo un regalo de agradecimiento.**

Carla: ¡Gracias por este viaje! ¡Estoy dentro!

Agustín: Yo también.

John: ¿Y tú, Martin?

Martin: **Muy bien, ¡estoy dentro!**

Juan: ¡Gracias mis queridos amigos!

Jimmy se acerca a la mesa.

Jimmy: **¿Hicieron su elección?**

Carla: **Me gustaría un poco de sopa de pollo**, por favor.

Jimmy: ¿Y ustedes, caballeros?

Martin: Yo tomaré lo mismo.

Agustín: Quisiera una ensalada de pasta, por favor.

Jimmy: ¿Y usted, señor?

John: **¿Cuáles son las especialidades de hoy?**

Jimmy: Risotto o gratinado con queso.

John: Quisiera un gratinado con queso, por favor.

Jimmy: Bueno, señores. ¿Les apetecería algo más?

Carla: Sí, un plátano flameado como postre para mí, por favor.

Jimmy: Y ustedes, caballeros, ¿quieren algo de postre?

John: No, gracias.

Agustín: Yo tampoco, nada de postre.

Martin: Yo tampoco.

Jimmy se aleja. Quince minutos después, vuelve con los **platos ordenados.**

Jimmy: ¡Qué aprovechen! Si quieren pedir algo más, no duden en llamarme.

Los cuatro jóvenes agradecen al camarero y comienzan a comer. Durante la cena, **Agustín habla**.

Agustín: **¡Vamos a brindar por nuestra amistad!**

Seguidamente, Jimmy trae el postre de Carla. Luego los cuatro amigos hablan de sus próximas vacaciones por una hora. John pide la **cuenta** y paga. Luego sale del restaurante con sus amigos. John deja una generosa **propina** al camarero.

Agustín: **¿A dónde vamos ahora?**

Carla: **Yo estoy muy cansada**. Voy a mi casa ¡Buenas noches, chicos!

Juan: ¡Gracias! Buenas noches, Carla.

Martin: Yo también me voy a casa. Yo trabajo mañana. ¡Adiós!

John y Augustin: ¡Buenas noches, Martin!

Agustín: **Ahora estamos solos**, John. ¿Cuál es el programa de esta noche?

John: Tengo el DVD de una película recién estrenada. Podemos ir a casa y ver la película juntos.

Agustín: ¡De acuerdo!